Knaur

Sven-David Müller-Nothmann

GLYX-Ampel

- Alle wichtigen Kohlen-
- hydrate auf einen Blick
- Extra: Was ist Low Carb?

DIE GESELLSCHAFT FÜR ERNÄHRUNGSMEDIZIN UND DIÄTETIK e.V.

δίαιτα

Empfohlen von der Gesellschaft für Ernährungsmedizin und Diätetik e.V.

www.knaur-ratgeber.de

Inhalt

Geleitwort

Liebe Leserinnen und Leser,

Fehlernährung, Bewegungsmangel und ernährungs(mit)bedingte Erkrankungen bedrohen die Gesundheit der Bevölkerung. Trotzdem schöpft kaum ein Mensch (auch viele Mediziner nicht) die vielfältigen Möglichkeiten der Ernährungsmedizin und der angewandten Diätetik hinreichend aus. Aber: Mehr Ernährungsmedizin tut Not! Denn bereits 20 Prozent aller in Deutschland lebenden Schulkinder und Jugendlichen sind übergewichtig – so die neuesten Studienergebnisse.

Nach Angaben des Robert-Koch-Institutes in Berlin haben 66 Prozent der Männer in den neuen Bundesländern und 67 Prozent der Männer in den alten Bundesländern bereits einen Body-Mass-Index (BMI) von mehr als 25 – und gelten damit als übergewichtig. Bei den Frauen sieht es auch nicht viel besser aus: 57 Prozent der Frauen in den neuen Bundesländern und 52,2 Prozent in den alten Bundesländern sind übergewichtig. Das wird noch gesteigert, indem jeder fünfte Bürger in Deutschland einen BMI von über 30 hat und damit als adipös, also krankhaft übergewichtig angesehen werden muss. Und rund 920 000 Menschen in Deutschland sind mit einem BMI von über 40 sogar extrem übergewichtig und damit regelrecht lebensbedrohlich gefährdet. Die Weltgesundheitsorganisation WHO spricht im Rahmen der Übergewichtsproblematik von einer Übergewichtsepidemie, allerdings natürlich nur in den reichen (und fetten) Industrienationen. Im Jahr 2000 definierte die WHO Übergewicht als einzelstehende chronische Krankheit, der man mit einer »idealen Diät« zu Leibe rücken möchte. An dieser Diät arbeiten Diätassistenten und Ernährungswissenschaftler schon seit Jahrzehnten und konnten feststellen, dass die viel propagierte fettarme und kohlenhydratreiche Ernährungsweise kaum in der Lage ist, die Übergewichtsproblematik tatsächlich zu lösen.

Warum das so ist, erfahren Sie in diesem äußerst spannenden Büchlein zum Thema GLYX.

Prof. Dr. med. Helmut Mann
Wissenschaftlicher Direktor der Gesellschaft für Ernährungsmedizin und Diätetik e.V.

Prof. Dr. rer. nat. Rudolf Schmitz
Präsident der Gesellschaft für Ernährungsmedizin und Diätetik e.V.

Liebe Leserinnen und Leser,

mit diesem Buch halten Sie die erste ausführliche GLYX-Ampel mit mehr als 2600 Lebensmitteln in Ihren Händen. Dabei wird weniger Gewicht darauf gelegt, ob ein Lebensmittel an sich als »gesund« oder »ungesund« anzusehen ist – denn das gibt es meiner Ansicht nach nicht in dieser Reinform! –, sondern auf das Mischungsverhältnis und die Zubereitungsweise.

In den letzten Jahren wurden Kohlenhydraten eine immer größere Bedeutung beigemessen. Wurden sie in der Vergangenheit entweder verteufelt oder als besonders gesundheitsfördernd bezeichnet, hat die aktuelle Ernährungswissenschaft bewiesen, dass sie weder gut noch böse sind: Denn zur Bewertung müssen neue Gradmesser geschaffen werden.

Bei Kohlenhydraten sind das der GLYX, der glykämische Index, und die so genannte glykämische Ladung oder Last. Beide hielten erst in den letzten Jahren Einzug in die in Deutschland angewandte allgemeine Diätetik. Deshalb gibt es leider auch für die meisten Lebensmittel und Speisen kaum Werte zum glykämischen Index (GI) und der darauf fußenden glykämischen Ladung oder Last (GL).

Die GLYX-Ampel ist für Diäten, aber auch die alltägliche Ernährung besonders hilfreich. Sie sehen schnell, welche Lebensmittel und Gerichte welche Ampelfarben erhalten. Und natürlich ist – wie immer bei unseren Ampel-Büchern – Grün das Optimum und Rot ein klares Nein. Damit es aber nicht ganz so dogmatisch wird (und auch realistisch bleibt), können Sie die Lebensmittel täglich so miteinander kombinieren, dass Sie ein durchschnittliches Gelb erhalten. So kann Rot zum Beispiel mit Grün »entschärft« werden.

Wollen Sie richtig Gewicht verlieren oder leiden Sie an den so genannten Übergewichtserkrankungen, wie Diabetes Typ 2, Bluthochdruck, Herz-Kreislauf-Erkrankungen oder anderen Stoffwechselstörungen, dann sollte vermehrt ein reines Grün Ihre Ernährung bestimmen, also eine Ernährungsform mit einem niedrigen GLYX. Eine solche Ernährung hilft bei Erkrankungen, vereinfacht Behandlungen und sorgt zudem für eine schlanke Linie. Und seien Sie unbesorgt: Auf Genuss müssen Sie deshalb nicht verzichten!

Ich wünsche Ihnen viel Erfolg bei Ihrer Ernährungsumstellung und freue mich über Ihre Rückmeldungen und Anregungen.

Sven-David Müller-Nothmann
Diätassistent, Diabetesberater DDG und TV-Moderator

GLYX – das Geheimnis der Kohlenhydrate

Seit geraumer Zeit spricht jeder, der mit gesunder Ernährung und/oder Diäten zu tun hat, vom so genannten glykämischen Index, kurz GI oder GLYX genannt, und der glykämischen Ladung oder Last (GL). Dahinter verbirgt sich nichts anderes als das Tempo und Maß des Blutzuckeranstieges nach einer Mahlzeit. Aber von vorne.

Was genau ist GLYX?

Die ersten Beschreibungen des GLYX stammen von Prof. Otto, Bremen, aus den frühen 80er-Jahren. Er stellte fest, dass seine Probanden einen unterschiedlich hohen Blutzucker aufwiesen, obwohl sie alle kohlenhydratreiche Lebensmittel zu sich genommen hatten. So trieben einige Kohlenhydrate den Blutzucker mit enormem Tempo nach oben, um dann auch wieder relativ schnell abzusacken – andere hingegen sorgten für einen langsamen, aber kontinuierlichen Anstieg. Probanden, die diesen schnellen und hohen Anstieg zu verzeichnen hatten, waren nach kurzer Zeit wieder hungrig und verlangten nach Nahrung; die andere Gruppe war höchst leistungsfähig und auch nach einiger Zeit noch gesättigt.
So wurde im Laufe der Jahre der Begriff glykämischer Index geboren, der Kohlenhydrate in ihrer Wechselwirkung zum Blutzuckeranstieg beschreibt. Die Fachwelt definierte diesen Vorgang des glykämischen Index als die Fläche unter der Blutzuckerkurve nach dem Verzehr (postprandial) von 50 Gramm Kohlenhydraten in Form eines Lebensmittels im Vergleich zur Fläche unter der Kurve nach dem Verzehr von 50 Gramm reinem Traubenzucker, dem man als Orientierungspunkt einen GLYX-Wert von 100 zuschreibt. Durch den Anstieg des Blutzuckers wird das Hormon Insulin freigesetzt; allerdings ist die Ausschüttung dieses Hormons auch noch abhängig von der Art sowie der Menge der zugeführten Kohlenhydrate. Um diesem Vorgang gerecht zu werden, wurde der Begriff der glykämischen Ladung oder Last (GL) eingeführt. Sie gibt Hinweise auf den tatsächlichen Gehalt an Kohlenhydraten im Lebensmittel. Sie errechnet sich aus dem GI des Lebensmittels multipliziert mit der Menge der verwertbaren Kohlenhydrate der verzehrten Portion dividiert durch 100. Je höher das Ergebnis ist, desto größer ist die erwartete Blutzuckersteigerung durch den Verzehr der Portion.

$$\text{Glykämischer Index (GI)} = \frac{\text{Blutzuckeranstieg nach Testnahrungsmittel}}{\text{Blutzuckeranstieg nach äquivalenter Menge von Glukose}} \times 100$$

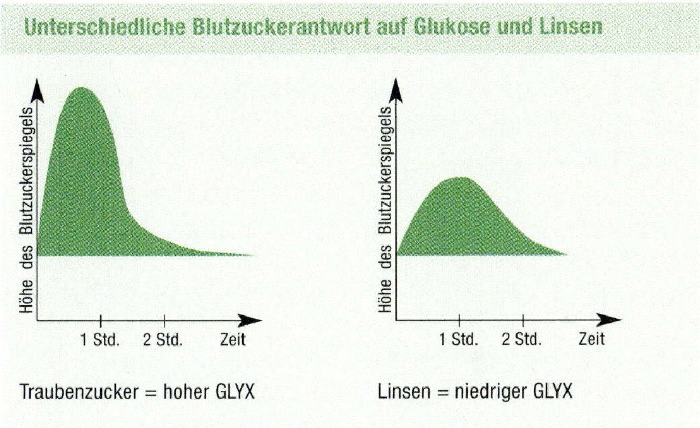

Unterschiedliche Blutzuckerantwort auf Glukose und Linsen (Traubenzucker = hoher glykämischer Index; Linsen = niedriger glykämischer Index)

Und was hat das für Konsequenzen?
Konkret heißt das, dass Lebensmittel mit einem niedrigen GI einen niedrigeren Blutzuckerspiegel hervorrufen und auch die Insulinausschüttung relativ gering halten. Gesund ist das deswegen, weil den Körperzellen das in Zucker umgewandelte Lebensmittel in ausreichendem Maße und über einen längeren Zeitraum zugeführt wird. Da es mittlerweile erwiesen ist, dass eine falsche Ernährung Krankheiten, wie Diabetes Typ 2, Bluthochdruck, Herz-Kreislauf-Beschwerden und anderes, mit begünstigt bzw. eine richtige Ernährung vorbeugend wirkt, ist eine niedrig glykämische Ernährung auch für Gesunde sinnvoll.

Was Insulin bewirkt

Insulin ist ein Hormon, das in der Bauchspeicheldrüse gebildet wird. Es wird dann freigesetzt, wenn der Mensch Nahrung zu sich nimmt. Insulin hat die Aufgabe, die in Glukose (Traubenzucker) umgewandelten Kohlenhydrate in die Bestimmungszellen zu transportieren und dort für Einlass zu sorgen.
Und hier kann – muss aber nicht! – ein Teufelskreis entstehen, was gerade bei Übergewichtigen der Fall ist: Ist eine Körperzelle mit Glukose überversorgt, das heißt, steht dauerhaft Blutzucker zur Verfügung, verwehrt sie den mit Insulin zugeführten Zuckern den Einlass, der Zucker bleibt also im Blutkreislauf, was als erhöhter Blutzuckerspiegel gemessen wird. Ein erhöhter Blutzuckerspiegel entsteht auch dann, wenn – was gerade bei Übergewichtigen oftmals der Fall ist – viele Fettsäuren im Blut vorhanden sind und dem Zucker den

Weg zu den Zellen versperren. Die Zelle bleibt unterversorgt und signalisiert das auch – und bewirkt damit eine Erhöhung der Insulinproduktion. Es kommt zur Insulinüberproduktion, die letztlich die Übergewichts-Zuckerkrankheit bedeutet, was dem Diabetiker Typ 2 entspricht. Bei einem gesunden Menschen produziert die Bauchspeicheldrüse in 24 Stunden 40 Einheiten Insulin und gibt dieses kontinuierlich und kohlenhydratbezogen an das Blut ab.

GLYX und Insulin – ein Team

Je höher der glykämische Index eines Lebensmittels ist, desto rascher steigen Blutzucker- und Insulinspiegel. Wie gesagt, Insulin transportiert Zucker zu den Zellen und sorgt dort für Einlass, also für den Aufbau der Zellen – ein Zuviel an Insulin steht also in jedem Fall einer Gewichtsreduktion eher im Wege. Außerdem löst Insulin Hunger aus: Nimmt man Lebensmittel mit einem hohen GLYX – hier verkürzt: mit im Körper schnell aufbereiteten Zuckern – zu sich, schnellt die Insulinproduktion in die Höhe. Immerhin gibt es einiges zu tun, da große Mengen an Zucker (für den Körper ist das Energie) zu den Zellen transportiert werden müssen. Die Folge ist, dass die Zellen rasch versorgt sind, aber die Zuckerkonzentration im Blut rapide abgesunken ist – reaktive Hypoglykämie –, was wir mit einem Hungergefühl wahrnehmen. So verhindert eine große Menge an Insulin das Ziel jeder Reduktionsdiät, den tatsächlichen Körperfettabbau.

Hinzu kommt auch noch, dass der glykämische Index der Lebensmittel von Person zu Person unterschiedlich ist und sogar bei ein und demselben Menschen morgens ein völlig anderer sein kann als abends. Auch der Kaugrad, die Flüssigkeitsaufnahme, die Essgeschwindigkeit, die Verarbeitung, die Zubereitung und die Zusammensetzung einer Mahlzeit haben massiven Einfluss auf den glykämischen Index. Der glykämische Index ist daher ein praktisch nur für wissenschaftliche Studien nutzbarer Wert und auch nur dort messbar, aber nicht errechenbar! Bisher gibt es nur für eine begrenzte Anzahl an Lebensmitteln im Versuch ermittelte GLYX-Werte (siehe Tabelle Seite 9). Für diese Ampel wurde daher ein neuer Index entwickelt, der die blutzuckerrelevanten Kohlenhydrate als Gradmesser nutzt. Diese sind immer gleich und haben immer die gleiche Auswirkung (siehe Seite 18 f.).

Kohlenhydrate – wichtig und gefährlich zugleich

Da Kohlenhydrate die Schlüsselrolle im Bereich des GLYX spielen, wird auf diese Gruppe im Folgenden genauer eingegangen. Galt über lange

Glykämischer Index (GI) und glykämische Last (GL) verschiedener Lebensmittel

In dieser Tabelle wird ein speziell errechneter GLYX-Faktor angegeben. Der wirkliche GI – und infolgedessen der GL – lässt sich für alle Lebensmittel nur in mehrmals wiederholten Versuchen mit den immer gleichen Probanden ermitteln. Hier finden Sie Lebensmittel, für die bereits solche Werte ermittelt wurden:

	Portion	GI	GL
Getreideprodukte			
Roggenvollkornbrot	30 g	58–64	8
Weizenvollkornbrot	30 g	71–73	9
Weizenweißbrot	30 g	70	10
Weißmehlspaghetti	180 g	44–47	21
Vollkornspaghetti	180 g	37–42	16
Naturreis, gekocht	150 g	55–60	18
Langkornreis	150 g	56–58	23
Gemüse			
Kidneybohnen	150 g	52	9
Grüne Erbsen, gekocht	80 g	48–53	3
Grüne Linsen, gekocht	150 g	30–34	5
Möhren, roh und gekocht	80 g	47–63	3
Zuckermais	80 g	54–58	9
Kartoffeln, gekocht	150 g	56–101	11 –18
Kartoffelbrei, instant	150 g	85–88	17
Kartoffeln, gebacken	150 g	85–97	26

	Portion	GI	GL
Milchprodukte			
Milch (Vollfett)	250 ml	27–31	3
Kakao, fettarme Milch	250 ml	34–38	9
Pudding	100 g	44–48	7
Obst			
Ananas	120 g	59–67	7
Apfel	120 g	38–40	6
Banane	120 g	48–56	12
Birne	120 g	38–40	4
Kiwi	120 g	53–59	6
Orange	120 g	42–45	5
Wassermelone	120 g	72–85	4
Weintrauben	120 g	46–49	8
Süßes			
Cornflakes	30 g	81–84	21
Popcorn, ungesüßt	20 g	72–89	8
Schokoriegel	60 g	65–68	26
Fanta	250 ml	68–74	23
Orangensaft	250 ml	50–54	13

Quelle: Ernährungs-Umschau 51 (2004), Heft 3

Jahre: »Kohlenhydrate machen schlank – egal in welcher Menge!«, so wird diese pauschale Aussage heute differenzierter betrachtet. Denn eines sollte klar sein: Nichts alleine für sich genommen macht dick und nichts kann einfach schlank machen. Das gilt auch für Kohlenhydrate. Heute ist der Wissensstand ein anderer und man betrachtet jeden Ernährungsbaustein weitaus differenzierter. So bleibt es unbestritten, dass Kohlenhydrate für die menschliche Ernährung essenziell sind – sie liefern das »Benzin« für den menschlichen Körper, den Blutzucker bzw. Traubenzucker. Die Blutzuckersteigerung ist also immer

Saccharose bzw. Haushaltszucker gibt es in verschiedenen Formen: Hagelzucker, Weißer Kandis, Rohrzucker, (Rohr-)Würfelzucker, Raffinade (im Uhrzeigersinn von links unten)

davon abhängig, welche für den Körper verwertbare Zuckermenge ein Kohlenhydratträger enthält. Davon wiederum sind auch der GLYX und die GL abhängig. Zu unterscheiden sind aber wertvolle Kohlenhydrate und für den Körper eher wertlose Kohlenhydrate.

Kohlenhydrate im Überblick

Alle Kohlenhydrate setzen sich aus Einfachzuckern zusammen, nur diese kann der Körper über den Dünndarm aufnehmen. Traubenzucker ist der mengenmäßig wichtigste Einfachzucker für den Menschen. Er bildet auch den Blutzucker und hat einen GLYX von 100. Traubenzucker geht schnell ins Blut und bewirkt eine rapide Insulinausschüttung. Daneben gibt es noch weitere Einfachzucker, nämlich den Fruchtzucker und die Galaktose.

Zweifachzucker bilden sich – wie der Name schon sagt – aus zwei aneinander gebundenen Einfachzuckern, dazu gehören Saccharose, Maltose und Laktose. Hier muss der Verdauungstrakt erst einmal die beiden Einfachzucker voneinander abspalten, um sie schließlich als Einfachzucker aufnehmen und verarbeiten zu können. Je mehr Traubenzuckeranteile ein Zweifachzucker enthält, desto höher der GLYX.

Einteilung der Kohlenhydrate

grün = niedriger GLYX
rot = hoher GLYX

Einfachzucker

- Glukose (Traubenzucker)
- Fruktose (Fruchtzucker)
- Galaktose (Schleimzucker)

Zweifachzucker

- Saccharose (Haushaltszucker): Fruktose + Glukose
- Maltose (Malzzucker): Glukose + Glukose
- Laktose (Milchzucker): Galaktose + Glukose

Mehrfachzucker

- Polysaccharide (z. B. Stärke): Glukose
- unverdauliche Nahrungsfaser

Dann gibt es noch Vielfachzucker. Diese setzen sich aus mehreren Einfachzuckern zusammen. Der wichtigste Vertreter ist die Stärke, die aus vielen Traubenzuckern besteht. Ballaststoffe werden oft zu den Vielfachzuckern gezählt. Dazu im Folgenden mehr.

Ballaststoffe als GLYX-Senker

Ballaststoffe, die heute korrekt als Nahrungsfasern bezeichnet werden, haben selbst einen relativ niedrigen bzw. gar keinen GLYX. Nahrungsfasern sind nahezu unverdauliche Nahrungsbestandteile, die wieder ausgeschieden werden. Dies ist aber kein Verlust, da Ballaststoffe eine wichtige Rolle bei der Verdauungsarbeit im Darm spielen und außerdem – ganz nebenbei – den Cholesterinspiegel regulieren; sie befördern das schädliche LDL-Cholesterin nach draußen. Ein weiterer positiver Effekt der Ballaststoffe ist, dass sie uns satt machen, ohne mit vielen Kalorien zu Buche zu schlagen. Ballaststoffe kommen praktisch nur in pflanzlichen Lebensmitteln, vor allem in Vollkornprodukten, Hülsenfrüchten, Gemüse und Obst, vor. Ballaststoffreiche Lebensmittel haben einen niedrigeren GLYX als ballaststoffarme. Untersuchungen bestätigen, dass Ballaststoffe – insbesondere wasserlösliche – den

Blutzucker nach Mahlzeiten und damit die Insulinausschüttung kaum erhöhen. Die besten Erfolge wurden mit Guarkernmehl, Plantago-ovata-Samen und Fruchtfasern (Zitrus- und Apfelfasern mit reichlich Pektin) erzielt. Aufgrund dieser Besonderheiten sind Ballaststoffe ein wichtiger Bestandteil diätetischer Therapien bei den unterschiedlichsten Erkrankungen, insbesondere Übergewicht, Fettstoffwechselstörungen und Diabetes mellitus. Eine ballaststoffreiche Kost ist voluminös und relativ energiearm.

Tatsachen

Die Deutschen werden immer dicker und kränker. Fast 55 Prozent der Frauen und rund 65 Prozent der Männer in Deutschland sind zu dick – und jeder Fünfte ist mit einem BMI von mehr als 30 sogar fettsüchtig. Auch die Kinder machen hier schon mit: Jedes fünfte eingeschulte Kind weist bereits ein Zuviel an Pfunden auf.
In diesem Punkt werden wir nur noch von den US-Amerikanern überboten. Uns blüht also eine »fette Zukunft«. Zurzeit sind schon 64,4 Prozent der Todesfälle in Deutschland direkt oder indirekt auf ernährungsbedingte und -abhängige Krankheiten zurückzuführen.

Kohlenhydrate und GLYX – die Anwendung macht's

Kohlenhydrate, insbesondere Traubenzucker (Glukose) und traubenzuckerhaltige Lebensmittel, wie Brot, Kartoffeln, Stärke, Mehl, Brötchen oder Reis und Nudeln, locken schnell und viel Insulin aus der Bauchspeicheldrüse hervor. Bei Lebensmitteln, die vermehrt Fruchtzucker und Galaktose enthalten, ist diese Wirkung eher zu vernachlässigen.
Die Beachtung des glykämischen Index im Wechselspiel dazu ist ebenfalls hilfreich. Denn Lebensmittel mit einem niedrigen GLYX – und damit mit Kohlenhydraten, bei deren Verarbeitung der Körper »etwas tun muss« – senken ebenfalls die Gefahren der genannten Übergewichtserkrankungen und sorgen zudem für Gewichtsverlust.
Aber auch die anderen Energiebausteine wie Fette und Eiweiße müssen berücksichtigt werden – denn ohne sie ist der menschliche Körper nicht lebensfähig. Denn erst wenn der Körper über alle notwendigen Energielieferanten verfügt, ist er auch leistungsstark. Und noch etwas ist von großer Bedeutung: Bewegung im Ausdauerbereich. Sie kurbelt den Stoffwechsel an und sorgt für Fettverbrennung und den Aufbau von Muskelmasse.

Obst und Gemüse enthalten viele Ballaststoffe und sollten daher die Grundlage der täglichen Ernährung darstellen

Weitere wichtige Energiebausteine

Aber Kohlenhydrate allein, auch diejenigen, die den GLYX-Wert niedrig halten, sind noch nicht allein für Abnehmerfolge verantwortlich. Erst die richtige Zusammensetzung mit den anderen lebenswichtigen Energielieferanten macht's. Dazu ein kurzer Überblick.

Fett und niedriger GLYX auf dem Vormarsch

Die jahrzehntelang propagierten Reduktionsdiäten setzten zumeist auf wenig Fett und viele Kohlenhydrate. Doch die Erfolge blieben aus: Nach kurzzeitigem Gewichtsverlust setzten sich die Pfunde erneut um Bauch, Hüfte und Po an, zumeist auch noch mehr als vor der Diät. Dieser als Jo-Jo-Effekt bezeichnete Gewichtsverlust und -wiederanstieg ist für den Körper eine ungesunde Belastung.
Dass Fett mehr Kalorien hat als Kohlenhydrate ist nicht neu: 1 Gramm Fett hat 9,3 Kilokalorien, 1 Gramm Kohlenhydrate und 1 Gramm Eiweiß jeweils nur 4,1. Was negativ erscheint, hat aber auch positive Seiten: Fett ist der energiereichste Nährstoff. Man sollte nur das richtige Fett bzw. die für den Körper am besten zu verarbeitenden Fette

verzehren. Denn einige Fette helfen nicht nur beim Abbau des schädlichen LDL-Cholesterins, sondern können auch den GLYX von Kohlenhydraten reduzieren, wenn sie zusammen verzehrt werden. Bei Fett (wie auch Eiweiß) gibt es keine GLYX-Wert-Angaben, da Fetten und Eiweißen keine maßgebliche Wirkung auf den Blutzuckerspiegel nachgewiesen werden konnte.

Fetteinteilung

Fette werden in gesättigte Fette und ungesättigte Fette eingeteilt, Letztere dann nochmals differenziert in einfach (EUFS) und mehrfach ungesättigte Fette (MUFS). Gesättigte Fettsäuren aus Fleisch, Wurst, Milchprodukten und anderen tierischen Lebensmitteln benötigt der Mensch nur in geringen Mengen. In unserer Wohlstandsgesellschaft werden aber gerade davon zu viele verzehrt – die Folge ist ein zu hoher Blutfettanteil, der wiederum die Wirkung des Insulins behindert und auf längere Sicht zu Übergewicht führt. Ungesättigte Fettsäuren hingegen sind gesund und fördern die Insulinwirkung. Auch können bestimmte Vitamine erst in Kombination mit diesen Fettsäuren für den Körper verfügbar gemacht werden.

Eiweiß – lebenswichtige Kraftquellen

Eiweiße gelten als Kraftquellen und Urbausteine allen Lebens. Da der menschliche Organismus Eiweiß nicht selbst herstellen kann, ist er auf eine regelmäßige Zufuhr angewiesen. Eiweiß ist der Grundbaustein der Muskulatur, fördert und beeinflusst Stoffwechselprozesse, aktiviert verschiedene Hormone und viele andere Substanzen im Körper. Ernährungsmedizinisch werden Eiweiße als Proteine bezeichnet.
Da Eiweiße schnell im Gesamtstoffwechsel verbraucht werden, müssen sie immer wieder zugeführt werden. Wer abnehmen möchte, braucht relativ viel Eiweiß – mindestens 1 Gramm pro Kilogramm Körpergewicht. Besonders bewährt haben sich Fisch- und Sojaeiweiß.
Eiweiß selbst hat, wie Fette auch, keine direkt messbare Auswirkung auf den Blutzuckerspiegel. Da eiweißreiche Produkte aber meist auch immer Fette enthalten, sollte darauf geachtet werden, welche Eiweiße man zu sich nimmt: wie gesagt ist Fischeiweiß besser als Fleischeiweiß. Eine Mahlzeit sollte immer Kohlenhydrate, Fette und Eiweiße enthalten, um gesund zu sein. Dies verhindert zudem den muskulären Abbau, den viele Diäten mit sich bringen: Muskelmasse verschwindet, die Fettdepots aber

bleiben. Auf diesem Wissen beruhen die mittlerweile renommierte Atkins-Diät und andere auf dem glykämischen Index basierende Diäten. Bewährt hat sich zudem eine reichliche Zufuhr an Eiweiß mit dem Abendessen – mehr als tagsüber.

Vitamine und Mineralstoffe – ohne sie läuft nichts

Der Körper kann Vitamine und Mineralstoffe (außer Vitamin D in geringen Mengen) nicht selbst herstellen und muss sie daher über die Nahrung aufnehmen. Im Rahmen der allgemeinen Fehlernährung ist die Vitamin- und Mineralstoffaufnahme in Deutschland bei manchen Personen inzwischen alles andere als ideal. Vitamine und Mineralstoffe haben vielfältige Effekte im Stoffwechsel und müssen gerade bei einer Reduktionskost bzw. Diät besonders reichlich aufgenommen werden. Die Mineralstoffe Jod, Fluorid, Kalzium, Magnesium und Eisen sind – insbesondere bei Frauen – oftmals unzureichend in der Zufuhr. Bei den Vitaminen sind es Folsäure, Vitamin E, Vitamin D, aber auch einige B-Vitamine, die oftmals mangelhaft im Körper zu finden sind. Während einer auf dem glykämischen Index basierenden Diät ist es sinnvoll, auf eine reichhaltige Vitamin- und Mineralstoffzufuhr zu achten – bei Bedarf auch mithilfe von Nahrungsergänzungsmitteln. Denn Übergewichtige benötigen ein starkes Immunsystem, da sie krankheitsanfälliger sind. Vor diesem Hintergrund sollte eine gezielte Ergänzung der Nahrung mit Vitaminen, Mineralstoffen und anderen Vitalstoffen erfolgen. Die Einnahme solcher Produkte sollte eine halbe Stunde nach den Mahlzeiten stattfinden, um die Aufnahme nicht zu behindern. Neben Vitaminen und Mineralstoffen, die natürlich keinen Einfluss auf den Blutzuckerspiegel haben, enthalten Pflanzen noch die wertvollen sekun-

Milcheiweißunverträglichkeit

Auf Milcheiweiß – nicht zu verwechseln mit einer Milchzuckerunverträglichkeit – reagieren viele Menschen allergisch. Gerade Übergewichtige haben oftmals diese Nahrungsmittelunverträglichkeit. Leider enthalten die meisten Formuladiäten (Diäten mit speziell hergestellten diätetischen Lebensmitteln, zumeist in Pulverform) für Übergewichtige Milcheiweiß. Wenn Sie also mit einer Formuladiät abnehmen möchten, achten Sie darauf, dass diese kein Milcheiweiß enthält und – natürlich – niedrige GLYX-Werte aufweist.

dären Pflanzenstoffe. Sie hemmen Entzündungen, wirken als Antioxidanzien und beugen sogar Krebs vor. Daher ist reichlich Gemüse und Obst auch so gesund.

Die neue Ernährungspyramide

Der US-amerikanische Epidemiologe Professor Walter Willett, der an der renommierten Harvard-Universität lehrt und forscht, fordert Gemüse, Obst und Vollkornprodukte als Basis der Ernährung. Verarbeitete Getreideprodukte, wie Brötchen, Weiß-, Grau- und Mischbrot, sowie weißer Reis, Nudeln und Salz- oder Backkartoffeln, aber auch Süßigkeiten und Fastfood gehören nach seiner Ansicht aufgrund ihrer ungünstigen Wirkung auf den Blutzucker- und Insulinspiegel dagegen nur selten auf den Speiseplan. Auch pflanzliche Fette mit reichlich ungesättigten Fettsäuren nehmen bei Willett einen großen Stellenwert in der Ernährung ein.
In der Vergangenheit waren gerade Getreideprodukte Grundlage der Ernährung und das Fett war praktisch bei allen Ernährungspyramiden mit Vorsicht zu verzehren. Die neue Willett-Pyramide – wie auch die der Gesellschaft für Ernährungsmedizin und Diätetik (siehe hintere Umschlagsinnenklappe) – ist dagegen an ernährungsmedizinischen Erkenntnissen der Epidemiologie ausgerichtet. Willett rät weiterhin, bis zu zweimal täglich Fisch, Geflügel und Eier zu essen, rotes Fleisch dagegen nur ab und zu. Auch Prof. David Ludwig – ebenfalls Harvard-Universität – fordert in seinen Ernährungsempfehlungen, den GLYX stärker zu berücksichtigen. Eine solche Ernährung entspricht den Empfehlungen der nationalen und internationalen Ernährungsgesellschaften hinsichtlich gesunder Ernährungsweise.

Aktuelle Diäten – alt und neu: Atkins und Low Carb

Die Atkins-Diät des US-amerikanischen Mediziners Dr. Robert Atkins ist die Mutter aller fettreichen, aber kohlenhydratarmen Kostformen. Low-Carb- und South-Beach-Diäten sind Weiterentwicklungen davon, die durch kurzfristige Abnehmerfolge begeistern. Die Kost ist kohlenhydratarm und relativ fett- und eiweißreich. Insgesamt sind alle diese Kostformen kalorienreduziert, sodass ein Gewichtsverlust kaum verwunderlich ist. Denn jede kalorienarme Ernährung – sogar eine Schokoladendiät aus drei Tafeln Nussschokolade und zwei Kilogramm Tomaten täglich – baut Körperfett ab. Gesund ist das aber gewiss nicht!
Auch wenn die wissenschaftliche Datenlage für Atkins & Co. besser geworden ist, ausreichende Lang-

zeitergebnisse liegen bislang nicht vor. Es gibt allerdings Hinweise auf ein erhöhtes Risiko für Arteriosklerose und Herzinfarkt bei hohem Fettverzehr sowie ein Osteoporoseriskio bei zu hoher Eiweißzufuhr über lange Zeit. Problematisch ist vor allem, dass eine Ernährung vorwiegend aus Eiweiß und Fett kaum den gängigen Ernährungsgewohnheiten entspricht und sich oft auch im Alltagsleben nur schwer umsetzen lässt. Sinnvoller ist eine am GLYX orientierte Diät, die auf Insulin »lockende« Lebensmittel mit hohem GLYX-Wert verzichtet und gleichzeitig das richtige Fett und reichlich Eiweiß enthält. Diese Diät schmeckt und versorgt den Körper optimal.

Beispiel für eine auf dem GLYX basierende Diät

In Ihrer Ernährung sollten Obst und Gemüse eine zentrale Rolle spielen. Am Morgen bietet ein Frischkornbrei (aus Vollkorngetreide) kombiniert mit fettarmen Milchprodukten oder Sojamilch/Sojajoghurt und Obst den idealen Start in den Tag. Neben wertvollen Kohlenhydraten mit einem niedrigen GLYX erhalten Sie Mineralstoffe und Vitamine, Ballaststoffe und Eiweiß. Zwischendurch gibt es Gemüse oder Obst nach Belieben. Das Mittagessen enthält entweder Basmatireis, Spaghetti al dente mit etwas Olivenöl oder kleine Pellkartoffeln mit Schale. Ein Salat sorgt ebenfalls für Vitamine und das Dressing – natürlich mit einem hochwertigen Öl angefertigt – beinhaltet gute Fettsäuren. Reichlich Gemüse oder Hülsenfrüchte als Gericht haben sich ebenfalls bewährt. Eine gute Portion fettarmes Fleisch, Fisch, Soja oder Geflügel gehören ebenfalls dazu. Zwischendurch gibt es wieder kohlenhydratarmes Gemüse und Obst nach Belieben. Zum Abendessen sind ein Salat und danach grobes Vollkornbrot mit Rapsölmargarine und einem mageren Belag empfehlenswert. Zwischendurch sollten mindestens zwei Liter kohlensäurereiches Mineralwasser getrunken werden – sie machen satt und vital.

Tipps für eine GLYX-arme Ernährung

Am glykämischen Index zeigt sich, dass die in den meisten Diäten vorkommenden Getreidewaren kaum geeignet sind, den Insulinspiegel zu senken – ihr GLYX ist zu hoch. Auch die Zubereitungsweise hat einen Einfluss auf den GLYX; so kann er beispielsweise beim Kochen oder einer bestimmten Verarbeitungsweise (zum Beispiel Kartoffelpüree aus Instantflocken) ansteigen. Der GLYX sinkt hingegen bei einer ausgewogenen Mahlzeit in Abhängigkeit vom Fettgehalt, da dieser die Magenentleerungszeit beeinflusst: Flüssiges verlässt den Magen prinzipiell rascher als Festes. Nicht erhitzte und verarbeitete Ballaststoffe haben ebenfalls einen niedrigen GLYX.

Empfehlung gegen einen zu hohen GLYX:

- Mischkostmahlzeiten, also keine reinen Kohlenhydratmahlzeiten
- reichlich Ballaststoffe
- wenig zu den Mahlzeiten trinken, dafür zwischen den Mahlzeiten
- ausreichend ungesättigte Fettsäuren in jeder Mahlzeit
- kein Fastfood und wenig Fertigprodukte
- nicht zu viel kauen

Austauschen gegen einen niedrigen GLYX

anstatt	besser
Weißbrot	grobes Vollkornbrot
Kartoffelpüree	kleine Pellkartoffeln mit Schale, Salzkartoffeln
Kartoffelauflauf – Kartoffeln einen Tag vorher kochen, abkühlen und am Folgetag zubereiten	
Cola/Limonade	Cola Light/Light-Limonade mit Süßstoff
Kompott	frisches Obst mit Schale
Nudeln	Spaghetti al dente
Reis	Basmatireis
Cornflakes	Frischkornmüsli
Zucker	Fruchtzucker
Fertiggerichte	Frischprodukte
Fastfood	selbst Zubereitetes
Ballaststoffarmes	Ballaststoffreiches

Wie Sie die GLYX-Ampel benutzen

Die GLYX-Ampel hilft Ihnen bei einer gesunden Ernährungsweise. Sie ist wie ein Lexikon von A bis Z aufgebaut. Sie finden den Apfel also unter »A« und das Vollkornbrot unter »V«. Das besondere an der GLYX-Ampel ist, dass die Lebensmittel in ihren üblicherweise aufgenommenen Portionen ernährungsmedizinisch bzw. -wissenschaftlich bewertet sind. Das erspart mühsames Umrechnen und Abwiegen.

Datengrundlage der GLYX-Ampel ist der Bundeslebensmittelschlüssel (BLS), der vom Bundesinstitut für gesundheitlichen Verbraucherschutz und Veterinärmedizin herausgegeben wird. In dieser Tabelle sind über 2600 Lebensmittel mathematisch und ernährungsmedizinisch hinsichtlich ihrer Blutzuckerwirksamkeit bewertet. Die Blutzuckerwirksamkeit leitet sich insbesondere von dem Gehalt an blutzuckerrelevanten Kohlenhydraten und Ballaststoffen ab.

Bitte beachten Sie, dass es bei Lebensmitteln zu natürlichen Schwankungen des Gehaltes an Nähr- und Wirkstoffen sowie Energie – also Kilokalorien – kommen kann. Allerdings liefert die Datengrundlage des BLS eine größtmögliche Sicherheit. Auch wenn heute immer wieder ge-

schrieben wird, dass Kalorienzählen »out« ist, ist hier der **Kaloriengehalt** (kcal) der Lebensmittel angegeben. Denn er ist nach wie vor für die meisten Menschen der konkrete Parameter, um die Ernährungsgewohnheiten »in den Griff« bekommen zu können.
Weiterhin sind in dieser Tabelle die Grammgehalte an **Kohlenhydraten** (KH) insgesamt sowie speziell an **Saccharose** (Sacc), also Haushaltszucker, angegeben. Saccharose ist das beliebteste Süßungsmittel in Deutschland. Da viele Diätwillige Zucker meiden möchten und eine zuckerreiche Ernährung zu vermeiden ist – auch wenn er keine primäre Gefahr für die Gesundheit darstellt –, ist dieser Wert mit aufgeführt.
Im Ampelprinzip werden der GLYX-Faktor sowie der Sattfaktor angegeben. Der **GLYX-Faktor** ist hier bewertet nach dem Gehalt eines Lebensmittels an Ballaststoffen, Fett sowie den blutzuckerrelevanten Kohlenhydraten Glukose, Saccharose und Stärke.
Der **Sattfaktor** bewertet den Gehalt eines Lebensmittels an Ballaststoffen. Er gibt also Auskunft darüber, wie sich die Sättigungseigenschaft eines Lebensmittels in Bezug zu seinem Kaloriengehalt erweist. Der Sattfaktor hilft Ihnen somit »satt abzunehmen«, da er die Lebensmittel zeigt, die mit wenig Kalorien gut satt machen.

Das **Ampelprinzip** an sich ist ganz einfach: Wie bei der Verkehrsampel heißt Rot 🔴 »stehen bleiben«. In diesem Falle bedeutet Rot aber nicht das Verbot des Lebensmittels, sondern nur besondere Vorsicht. Beachten Sie immer, dass es grundsätzlich keine gesunden oder ungesunden Lebensmittel gibt, sondern vielmehr die Mischung der Lebensmittel den Gesundheits- oder Krankheitswert ausmacht. Grün 🟢 heißt »losfahren« – also reichlich essen. Mit Grün bewertete Lebensmittel sind für Ihre Gesundheit einfach besser als andere. Wenn Sie sich im Durchschnitt »gelb« ernähren, ernähren Sie sich sozusagen neutral – weder besonders gesundheitsfördernd noch krankheitsauslösend. Die Mehrzahl der von Ihnen aufgenommenen Lebensmittel sollte aus den Bereichen Gelb und Grün sein.
Gleichen Sie auf alle Fälle Rot immer durch Grün in einer Mahlzeit aus. Grundsätzlich sollte beim GLYX beachtet werden, dass es nicht sinnvoll ist, eine reine Kohlenhydratmahlzeit aufzunehmen.

Abkürzungen

ma.	=	mager
mf.	=	mittelfett
fe.	=	fett
i. D.	=	im Durchschnitt
F. i. Tr	=	Fettgehalt in der Trockenmasse
TK	=	Tiefkühlkost

Produktbezeichnung	Portion in g	kcal pro Portion	KH in g pro Portion	Sacc. in g pro Portion	GLYX-Faktor	Sattfaktor
A						
Aal gegart	180	385	0,0	0,0		🔴⚪⚪
Aal gekocht in Dill	250	680	13,6	0,2	⚪⚪🟢	🔴⚪⚪
Aal geräuchert	75	218	0,0	0,0		🔴⚪⚪
Aal grün	250	530	6,4	2,1	⚪⚪🟢	🔴⚪⚪
Aal in grüner Sauce	250	465	9,9	0,1	⚪⚪🟢	🔴⚪⚪
Acerola	120	24	4,3	1,3	⚪🟡⚪	⚪⚪🟢
Acerolanektar	200	92	22,3	21,1	🔴⚪⚪	🔴⚪⚪
Acerolasaft	200	48	9,2	4,7	🔴⚪⚪	🔴⚪⚪
Agar-Agar, Trockenprodukt	5	3	0,4	0,1		🔴⚪⚪
Algen frisch	5	2	0,1	0,0	⚪⚪🟢	⚪⚪🟢
Altbier	330	135	11,6	0,0	🔴⚪⚪	🔴⚪⚪
Altbierbowle	200	160	29,6	20,5	🔴⚪⚪	🔴⚪⚪
Ambrosiacreme	150	275	33,9	30,2	⚪🟡⚪	🔴⚪⚪
Amerikaner	100	315	52,5	28,0	⚪🟡⚪	🔴⚪⚪
Ananas	125	74	16,4	10,3	⚪🟡⚪	⚪⚪🟢
Ananas gegart	125	76	17,1	10,8	⚪🟡⚪	⚪⚪🟢
Ananas kandiert	25	66	16,1	10,7	🔴⚪⚪	🔴⚪⚪
Ananas Konserve, Abtropfgew.	125	109	25,4	22,2	🔴⚪⚪	⚪🟡⚪
Ananascreme	150	240	29,2	26,4	⚪🟡⚪	🔴⚪⚪
Ananasgelee	250	205	47,0	41,6	🔴⚪⚪	🔴⚪⚪
Ananaskonfitüre	25	70	17,0	16,5	🔴⚪⚪	🔴⚪⚪
Ananasnektar	200	140	33,3	28,9	🔴⚪⚪	🔴⚪⚪
Ananassaft	200	118	26,7	17,9	🔴⚪⚪	🔴⚪⚪
Anchovis	5	16	0,0	0,0		🔴⚪⚪
Anis	5	4	0,4	0,0		⚪⚪🟢
Anisplätzchen	50	193	38,5	22,4	🔴⚪⚪	🔴⚪⚪
Apfel	125	60	13,1	2,9	⚪🟡⚪	⚪⚪🟢
Apfel gegart	125	68	14,9	3,3	⚪🟡⚪	⚪⚪🟢
Apfel getrocknet	25	70	15,3	3,4	⚪🟡⚪	⚪⚪🟢
Apfel im Schlafrock	250	523	81,7	45,0	⚪🟡⚪	🔴⚪⚪
Apfelauflauf	250	403	80,1	40,6	⚪🟡⚪	⚪🟡⚪

Produktbezeichnung	Portion in g	kcal pro Portion	KH in g pro Portion	Sacc. in g pro Portion	GLYX-Faktor	Sattfaktor
Apfelessig	15	3	0,1	0,0		rot
Apfelgrütze	250	123	27,9	14,8	rot	gelb
Apfelkaltschale	350	151	35,2	21,6	gelb	gelb
Apfelkompott	250	158	36,2	17,2	gelb	gelb
Apfelkrapfen	60	94	13,1	5,3	gelb	rot
Apfelkraut gesüßt	25	61	14,3	9,3	gelb	gelb
Apfelkuchen, Hefeteig	150	216	37,5	6,9	gelb	gelb
Apfelkuchen, Rührmasse	150	321	42,6	18,9	gelb	rot
Apfelkuchen gedeckt, Hefeteig	100	171	31,5	13,4	gelb	gelb
Apfelkuchen gedeckt, Mürbeteig	150	344	51,2	21,7	gelb	rot
Apfelmeerrettich	60	80	7,5	3,2	grün	grün
Apfelmus	250	165	38,0	21,8	gelb	gelb
Apfelnektar	200	128	30,6	22,3	rot	rot
Apfelpfannkuchen	250	360	35,3	2,8	gelb	rot
Apfelreis	250	240	41,1	9,4	gelb	rot
Apfelsaft	200	98	21,2	4,7	rot	rot
Apfelschmarrn	200	424	57,8	15,7	gelb	rot
Apfelstreuselkuchen, Mürbeteig	150	348	46,8	23,1	gelb	rot
Apfelstrudel	150	248	39,1	9,7	gelb	gelb
Apfeltorte französisch, Blätterteig	100	199	27,8	8,7	gelb	gelb
Apfelvollkornkeks	50	205	25,6	0,6	gelb	gelb
Apfelwein	130	86	9,5	0,0	gelb	rot
Appenzeller, 50 % F.i.Tr.	30	116	0,0	0,0		rot
Apricot Brandy	20	61	6,5	0,0	gelb	rot
Aprikose	40	17	3,4	2,1	gelb	grün
Aprikose gegart	50	22	4,5	2,7	gelb	grün
Aprikose getrocknet	25	62	12,6	7,6	gelb	grün
Aprikose Konserve, Abtropfgew.	125	98	22,0	19,8	rot	gelb
Aprikosencreme	150	252	26,9	25,1	gelb	rot
Aprikosenkompott	250	148	32,8	26,6	gelb	grün
Aprikosenkonfitüre	25	68	16,5	16,2	rot	rot
Aprikosennektar	200	116	27,3	24,8	rot	rot

Produktbezeichnung	Portion in g	kcal pro Portion	KH in g pro Portion	Sacc. in g pro Portion	GLYX-Faktor	Sattfaktor
Aprikosenreis	250	323	57,6	22,9	⚪🟡⚪	🔴⚪⚪
Aprikosensaft	200	88	18,4	12,1	🔴⚪⚪	🔴⚪⚪
Aprikosenteilchen, Blätterteig	70	188	23,1	9,8	⚪🟡⚪	🔴⚪⚪
Aprikosentorte, Nussrührteig	120	288	33,4	21,8	⚪🟡⚪	🔴⚪⚪
Arme Ritter	150	384	65,9	31,5	⚪🟡⚪	🔴⚪⚪
Arrak	20	46	0,0	0,0		🔴⚪⚪
Artischocke	100	10	1,2	0,3	⚪⚪🟢	⚪⚪🟢
Artischocken gegart	100	20	2,1	0,5	⚪⚪🟢	⚪⚪🟢
Artischocken Konserve, Abtropfgew.	150	29	3,1	0,7	⚪⚪🟢	⚪⚪🟢
Artischockenboden, frisch	150	33	3,9	0,9	⚪⚪🟢	⚪⚪🟢
Artischockenboden Konserve	150	24	2,6	0,6	⚪⚪🟢	⚪⚪🟢
Aspikaufguss, weiß	5	1	0,0	0,0		🔴⚪⚪
Aubergine	150	26	3,7	0,2	⚪⚪🟢	⚪⚪🟢
Aubergine, gefüllt und überbacken	300	402	20,0	0,3	⚪🟡⚪	🔴⚪⚪
Aubergine gegart	150	26	3,7	0,2	⚪⚪🟢	⚪⚪🟢
Auberginen u. Tomaten, überbacken	250	318	9,9	1,4	⚪⚪🟢	⚪🟡⚪
Auberginenmus m. Zitronenmarinade	150	116	4,9	1,1	⚪⚪🟢	⚪⚪🟢
Auberginenscheiben frittiert	250	203	19,1	0,3	⚪⚪🟢	⚪⚪🟢
Austern	100	63	3,9	0,0	⚪🟡⚪	🔴⚪⚪
Avocado	125	204	0,4	0,0	⚪⚪🟢	⚪🟡⚪
Avocado-Cremesuppe	350	448	2,0	0,1	⚪⚪🟢	⚪🟡⚪
B						
Baby-Pute	150	227	0,0	0,0		🔴⚪⚪
Bachsaibling, gegart	150	144	0,0	0,0		🔴⚪⚪
Bratkartoffeln mit Kräuterquark	200	158	27,2	4,3	⚪🟡⚪	⚪⚪🟢
Backobst	250	185	42,4	26,7	🔴⚪⚪	⚪🟡⚪
Backpulver	5	2	0,4	0,0		🔴⚪⚪
Baguettebrötchen/Baguette	60	149	30,4	0,6	🔴⚪⚪	⚪🟡⚪
Baiser	25	91	21,0	20,9	🔴⚪⚪	🔴⚪⚪
Baiserplätzchen	5	19	4,2	1,9	🔴⚪⚪	🔴⚪⚪
Baisertorte	120	368	49,1	45,0	⚪🟡⚪	🔴⚪⚪

Produktbezeichnung	Portion in g	kcal pro Portion	KH in g pro Portion	Sacc. in g pro Portion	GLYX-Faktor	Sattfaktor
Bambussprossen	50	9	0,5	0,0	○○🟢	○○🟢
Bambussprossen Konserve	50	7	0,3	0,0	○○🟢	○○🟢
Banane	100	95	21,4	11,0	🔴○○	○🟡○
Banane gebacken	50	79	12,6	5,2	○🟡○	○🟡○
Banane getrocknet	25	73	16,3	8,4	🔴○○	○🟡○
Bananennektar	200	108	25,4	21,1	🔴○○	🔴○○
Bananenquark	250	315	50,9	31,6	🔴○○	🔴○○
Bananenreis	250	313	58,5	24,0	🔴○○	🔴○○
Barbecuesauce	45	54	4,3	0,6	○○🟢	○🟡○
Barsch gegart	180	63	0,0	0,0		🔴○○
Barschfilet gegart	150	140	0,0	0,0		🔴○○
Basilikum frisch	5	2	0,3	0,0	○○🟢	○○🟢
Basilikum getrocknet	5	3	0,4	0,1	○○🟢	○○🟢
Batate	150	167	36,1	5,1	○🟡○	○○🟢
Bauchspeck Schwein	30	239	0,0	0,0		🔴○○
Bauernbratwurst	150	459	0,3	0,0		🔴○○
Bauernfrühstück	350	343	35,3	1,3	○🟡○	○🟡○
Bauernleberwurst	30	107	0,3	0,0		🔴○○
Bauernsalat griech.	150	165	3,4	0,2	○○🟢	○🟡○
Baumkuchen	50	214	25,9	17,1	○🟡○	🔴○○
Baumstamm mit Vanillecreme	70	218	20,3	9,1	○🟡○	🔴○○
Baumwollsaatöl	12	106	0,0	0,0		🔴○○
Bavaria Blue, 60 % F.i.Tr.	30	105	0,0	0,0		🔴○○
Bayrische Creme	200	430	27,4	20,6	○○🟢	🔴○○
Béchamelkartoffeln	250	200	23,8	0,6	○🟡○	○🟡○
Béchamelsauce	60	55	3,7	0,1	○○🟢	🔴○○
Beefsteak deutsch	200	444	15,3	0,4	○○🟢	🔴○○
Beefsteak Hamburger Art	200	244	2,8	0,5		🔴○○
Beerenobst	125	89	19,5	0,5	○🟡○	○🟡○
Beifuß frisch	5	2	0,3	0,0	○○🟢	○○🟢
Bel Paese, 50 % F.i.Tr.	30	112	0,0	0,0		🔴○○
Bergkäse, 45 % F.i.Tr.	30	115	0,0	0,0		🔴○○

Produktbezeichnung	Portion in g	kcal pro Portion	KH in g pro Portion	Sacc. in g pro Portion	GLYX-Faktor	Satt-faktor
Bergkäse, 50 % F.i.Tr.	30	126	0,0	0,0		rot
Berliner Knacker	150	489	0,4	0,0		rot
Berliner Pfannkuchen	60	193	25,9	2,5	gelb	rot
Berliner Weiße mit Schuss	200	106	13,8	7,7	rot	rot
Bienenstich, Hefeteig	100	300	33,0	13,1	gelb	rot
Bienenstichtorte gefüllt, Hefeteig	100	353	35,2	18,6	gelb	rot
Bier alkoholarm	330	182	35,8	0,3	rot	rot
Bier alkoholfrei	330	86	17,7	0,0	rot	rot
Bier dunkel	330	122	9,2	0,0	rot	rot
Bier Export hell	330	145	10,6	0,0	rot	rot
Bier mit Limonade	330	112	16,3	0,5	rot	rot
Bierhefe frisch	5	17	1,3	0,0		grün
Bierhefe getrocknet	3	10	0,8	0,0		grün
Bierhefe-Tablette	5	17	1,3	0,0		grün
Bierschinken	30	54	0,0	0,0		rot
Biersuppe	300	207	41,5	22,9	gelb	gelb
Bierteig	100	226	31,8	0,1	gelb	rot
Bierwurst	30	76	0,1	0,0		rot
Big Mac	212	505	42,2	0,9	gelb	rot
Bigosch	450	288	27,7	2,9	gelb	grün
Bircher-Müsli mit Äpfeln und Sahne	150	218	26,6	12,6	gelb	gelb
Birkenpilz frisch	100	19	0,2	0,0	grün	grün
Birne	140	69	16,1	2,4	grün	grün
Birne gegart	125	69	16,2	2,4	grün	grün
Birne getrocknet	25	63	14,9	2,2	gelb	grün
Birne Konserve, Abtropfgew.	125	105	24,8	17,9	gelb	grün
Birnenkompott	250	150	36,1	18,1	gelb	grün
Birnenkonfitüre	25	69	16,9	15,9	rot	rot
Birnenkraut ungesüßt	25	52	12,2	1,9	gelb	grün
Birnennektar	200	136	32,8	23,0	rot	rot
Birnensaft	200	108	25,7	6,1	rot	rot
Biskuitrolle	100	273	57,6	42,6	rot	rot

Produktbezeichnung	Portion in g	kcal pro Portion	KH in g pro Portion	Sacc. in g pro Portion	GLYX-Faktor	Sattfaktor
Biskuitrolle mit Sahne	100	216	24,2	14,3	○●○	●○○
Biskuitschnitte	100	391	48,2	26,8	○●○	●○○
Bismarkhering Konserve, Abtr.gew.	65	117	2,1	1,2		●○○
Bitterlikör	20	50	2,0	1,5		●○○
Bittermandelessenz	10	3	0,0	0,0		●○○
Bitterschokolade	20	79	9,2	8,9	○●○	○○●
Blätterteig TK	100	375	35,4	0,1	○●○	●○○
Blätterteigtaschen mit Spinat u. Feta	250	420	20,3	1,0	○○●	○●○
Blattsalat mit Dressing	100	65	2,6	1,4	○○●	○○●
Blattspinat	150	26	0,8	0,3	○○●	○○●
Blattspinat gegart	150	29	0,7	0,3	○○●	○○●
Blattspinat TK	150	27	0,8	0,3	○○●	○○●
Blaubeerkompott	250	243	53,7	38,7	○●○	○○●
Blauschimmelkäse, 50 % F.i.Tr	30	107	0,3	0,0		●○○
Bleichsellerie	150	26	3,3	0,9	○○●	○○●
Bleichsellerie gegart	150	26	2,8	0,7	○○●	○○●
Bleichsellerietrunk	200	10	1,4	0,4	○○●	○●○
Blinis	150	344	42,5	6,7	○●○	●○○
Blumenkohl	150	35	3,5	0,3	○○●	○○●
Blumenkohl gegart	150	27	2,4	0,2	○○●	○○●
Blumenkohl gesäuert	50	6	0,6	0,0	○○●	○○●
Blumenkohl mit Béchamelsauce	250	170	12,1	0,8	○○●	○○●
Blumenkohlauflauf	300	195	10,1	0,6	○○●	○○●
Blumenkohl-Cremesuppe	300	156	9,8	0,2	○○●	●○○
Blumenkohlgratin	300	513	6,1	0,5	○○●	○●○
Blumenkohlsuppe	350	543	37,5	0,5	○○●	●○○
Blutwurst frisch, erhitzt	100	340	0,6	0,1		●○○
Bockbier hell	330	198	15,2	0,0	●○○	●○○
Bockshornklee	5	3	0,5	0,2	○○●	○○●
Bockwurst	115	340	0,3	0,0		●○○
Bockwurst mit Brötchen und Senf	180	554	35,1	0,8	○●○	●○○
Bockwurst mit Kartoffelsalat u. Senf	370	633	34,4	1,0	○●○	●○○

Produktbezeichnung	Portion in g	kcal pro Portion	KH in g pro Portion	Sacc. in g pro Portion	GLYX-Faktor	Sattfaktor
Bockwurst mit Senf	120	414	0,8	0,2		●○○
Bohnen grün	150	38	4,8	0,3	○○●	○○●
Bohnen grün, gegart	150	38	4,7	0,3	○○●	○○●
Bohnen grün, gesäuert	50	7	0,8	0,0	○○●	○○●
Bohnen grün, in Butter geschwenkt	250	183	8,0	0,5	○○●	○○●
Bohnen grün, in heller Sauce	250	125	11,3	0,4	○○●	○○●
Bohnen grün, Konserve, Abtropfgew.	150	32	3,7	0,2	○○●	○○●
Bohnen weiß	150	395	59,7	1,8	○○●	○○●
Bohnen weiß, gegart	150	168	25,4	0,8	○○●	○○●
Bohnen weiß, Konserve, Abtropfgew.	150	98	14,9	0,4	○○●	○○●
Bohnen-Paprika-Salat	150	57	4,1	0,3	○○●	○○●
Bohneneintopf mit Birnen und Speck	450	356	35,4	3,2	○○●	○○●
Bohneneintopf, weiß, mit Rindfleisch	450	491	47,1	1,5	○●○	○○●
Bohnenkraut frisch	3	0	0,1	0,0	○○●	○○●
Bohnenkraut getrocknet	5	3	0,5	0,1	○○●	○○●
Bohnensalat weiß, mit Dressing	150	102	4,3	0,4	○○●	○○●
Bohnensprossen	100	41	5,8	0,1	○●○	○○●
Bonbons	5	20	4,8	4,8	●○○	●○○
Borretsch frisch	5	1	0,1	0,0	○○●	○○●
Borretsch getrocknet	1	2	0,2	0,0	○○●	○○●
Borschtsch	350	140	8,8	5,8	○●○	○●○
Bouillabaisse	400	308	4,7	0,3	○○●	●○○
Bouillon	300	147	2,5	0,7		○●○
Bouillonkartoffeln	250	140	25,5	0,6	○●○	○○●
Boysenbeeren	125	43	7,7	0,0	○○●	○○●
Boysenbeeren Konserve, Abtropfgew.	125	93	20,3	16,3	○●○	○○●
Boysenbeerkonfitüre	25	67	16,3	15,8	●○○	●○○
Boysenbeernektar	200	100	23,6	20,7	●○○	●○○
Boysenbeersaft	200	78	14,6	2,9	●○○	●○○
Brandteig	100	201	15,7	0,1	○○●	●○○
Branntweinessig	15	3	0,1	0,0		●○○
Brät	100	285	0,0	0,0		●○○

Produktbezeichnung	Portion in g	kcal pro Portion	KH in g pro Portion	Sacc. in g pro Portion	GLYX-Faktor	Satt-faktor
Bratapfel	200	204	34,2	18,0	⚪🟡⚪	⚪🟡⚪
Bratapfel mit Vanillesauce	250	190	32,3	14,9	⚪🟡⚪	⚪🟡⚪
Bratensauce Trockenpulver	3	4	0,3	0,0		🔴⚪⚪
Bratensauce Konserve	50	26	2,6	0,1		🔴⚪⚪
Brathering	200	554	8,4	0,1	⚪⚪🟢	🔴⚪⚪
Bratkartoffeln	250	220	34,2	0,7	⚪🟡⚪	⚪⚪🟢
Bratkartoffeln m. Speck u. Zwiebeln	350	364	42,6	1,1	⚪🟡⚪	⚪🟡⚪
Bratlinge vegetarisch	100	147	7,6	0,3	⚪⚪🟢	⚪🟡⚪
Bratwurst	100	282	0,3	0,0		🔴⚪⚪
Bratwurst geräuchert	150	431	0,3	0,0		🔴⚪⚪
Bratwurst grob	150	470	0,4	0,0		🔴⚪⚪
Bratwurst mit Brötchen und Senf	180	475	31,8	0,8	⚪🟡⚪	🔴⚪⚪
Brause mit Fruchtgeschmack	200	84	20,0	0,8	🔴⚪⚪	🔴⚪⚪
Brause mit Gewürzauszügen	200	72	17,4	0,7	🔴⚪⚪	🔴⚪⚪
Bregenwurst	150	348	0,6	0,0		🔴⚪⚪
Bremer Pinkel	100	210	17,9	0,3	⚪🟡⚪	🔴⚪⚪
Brennnessel	150	74	7,2	0,7	⚪⚪🟢	⚪⚪🟢
Brennnessel getrocknet	1	3	0,3	0,0	⚪⚪🟢	⚪⚪🟢
Brennnesseltrunk	200	34	3,1	0,3	⚪🟡⚪	🔴⚪⚪
Brick, 50 % F.i.Tr.	30	107	0,0	0,0		🔴⚪⚪
Brie, 40 % F.i.Tr.	30	77	0,0	0,0		🔴⚪⚪
Brie, 45 % F.i.Tr.	30	85	0,0	0,0		🔴⚪⚪
Brie, 50 % F.i.Tr.	30	101	0,0	0,0		🔴⚪⚪
Brie, 60 % F.i.Tr.	30	109	0,0	0,0		🔴⚪⚪
Brioches ohne Füllung	100	268	35,0	3,5	⚪🟡⚪	🔴⚪⚪
Brokkoli	150	39	3,8	0,7	⚪⚪🟢	⚪⚪🟢
Brokkoli gegart	150	35	2,8	0,5	⚪⚪🟢	⚪⚪🟢
Brokkoli mit gerösteten Mandeln	250	135	6,7	1,8	⚪⚪🟢	⚪⚪🟢
Brokkoli-Cremesuppe	300	111	11,8	0,6	⚪🟡⚪	⚪⚪🟢
Brokkoligratin	300	180	12,6	1,1	⚪⚪🟢	⚪⚪🟢
Brombeeren	250	183	36,5	31,8	⚪⚪🟢	⚪⚪🟢
Brombeeren Konserve, Abtropfgew.	125	93	17,9	16,2	⚪🟡⚪	⚪⚪🟢

Produktbezeichnung	Portion in g	kcal pro Portion	KH in g pro Portion	Sacc. in g pro Portion	GLYX-Faktor	Sattfaktor
Brombeerkonfitüre	25	67	16,0	15,8	● ○ ○	● ○ ○
Brombeersaft	200	68	8,0	3,0	○ ● ○	● ○ ○
Brötchen	45	112	22,8	0,4	● ○ ○	○ ● ○
Brötchen mit Ölsamen	45	113	20,9	0,4	● ○ ○	○ ● ○
Brotfrucht	125	141	31,6	0,0	○ ● ○	○ ○ ●
Brotpudding	250	435	44,4	18,4	○ ● ○	● ○ ○
Brotsuppe	400	368	26,8	0,7	○ ● ○	● ○ ○
Brühe gekörnt, instant	3	4	0,3	0,0		● ○ ○
Brühwurst	100	296	0,3	0,0		● ○ ○
Brunnenkresse frisch	25	5	0,5	0,1		○ ○ ●
Buchecker	20	118	6,0	0,1	○ ○ ●	● ○ ○
Buchteln	90	314	43,9	11,8	○ ● ○	● ○ ○
Buchweizen geschält	40	136	28,4	0,1	● ○ ○	○ ● ○
Buchweizen geschält und gegart	180	164	33,6	0,1	● ○ ○	○ ● ○
Buchweizen Vollkorn	40	136	28,4	0,1	○ ● ○	○ ○ ●
Buchweizenbrötchen	45	111	22,3	0,5	● ○ ○	○ ● ○
Buchweizengrütze	40	136	29,1	0,1	● ○ ○	● ○ ○
Buchweizengrütze gegart	180	130	27,2	0,1	● ○ ○	○ ● ○
Buchweizenmehl	10	35	7,8	0,0	● ○ ○	● ○ ○
Buchweizen-Vollkornmehl	10	34	6,7	0,0	○ ● ○	○ ● ○
Buchweizen-Vollkornbrot	60	129	25,7	0,2	○ ● ○	○ ○ ●
Bückling	125	271	0,0	0,0		● ○ ○
Bulgur	180	585	124,0	1,2	○ ● ○	○ ○ ●
Burgunder	130	101	3,3	0,0	● ○ ○	● ○ ○
Burgunderbraten m. Sauce u. Gemüse	350	294	7,7	1,5	○ ○ ●	○ ● ○
Burgunderschinken in Aspik	30	36	0,1	0,0		● ○ ○
Buschbohne grün	150	38	4,8	0,3	○ ○ ●	○ ○ ●
Buschbohnen grün, Kons., Abtropfgew.	150	32	3,7	0,2	○ ○ ●	○ ○ ●
Butter	20	148	0,1	0,0		● ○ ○
Butter halbfett	20	76	0,7	0,0		● ○ ○
Butter mit Kräutern	20	130	0,1	0,0		● ○ ○
Buttercremetorte, Biskuitteig	100	316	31,4	15,7	○ ● ○	● ○ ○

Produktbezeichnung	Portion in g	kcal pro Portion	KH in g pro Portion	Sacc. in g pro Portion	GLYX-Faktor	Sattfaktor
Buttergebäck	50	249	29,8	12,8	⚪🟡⚪	🔴⚪⚪
Butterhörnchen	50	151	24,1	3,5	⚪🟡⚪	🔴⚪⚪
Butterkäse, 30 % F.i.Tr.	30	74	0,0	0,0		🔴⚪⚪
Butterkäse, 45 % F.i.Tr.	30	90	0,0	0,0		🔴⚪⚪
Butterkäse, 50 % F.i.Tr.	30	97	0,0	0,0		🔴⚪⚪
Butterkäse, 60 % F.i.Tr.	30	114	0,0	0,0		🔴⚪⚪
Butterkeks	5	24	3,1	0,0	⚪🟡⚪	🔴⚪⚪
Butterkuchen	100	376	46,9	14,8	⚪🟡⚪	🔴⚪⚪
Buttermilch	200	72	8,0	0,0	⚪🟡⚪	🔴⚪⚪
Buttermilch mit Fruchtzubereitung	200	150	28,4	20,8	🔴⚪⚪	🔴⚪⚪
Buttermilchgelee mit Erdbeeren	250	205	38,7	29,6	🔴⚪⚪	🔴⚪⚪
Buttermilch-Kaltschale	350	193	31,4	17,7	🔴⚪⚪	🔴⚪⚪
Buttermilchspeise	250	263	38,4	30,1	🔴⚪⚪	🔴⚪⚪
Buttermilchsuppe	350	217	37,0	16,9	🔴⚪⚪	🔴⚪⚪
Butterreis	250	318	58,8	0,1	🔴⚪⚪	🔴⚪⚪
Butterschmalz	15	132	0,0	0,0		🔴⚪⚪
C						
Cabanossi	150	677	0,5	0,0		🔴⚪⚪
Calvados	20	63	0,3	0,1		🔴⚪⚪
Camembert, 20 % F.i.Tr.	30	53	0,0	0,0		🔴⚪⚪
Camembert, 30 % F.i.Tr.	30	63	0,0	0,0		🔴⚪⚪
Camembert, 40 % F.i.Tr.	30	80	0,0	0,0		🔴⚪⚪
Camembert, 45 % F.i.Tr.	30	86	0,0	0,0		🔴⚪⚪
Camembert, 50 % F.i.Tr.	30	93	0,0	0,0		🔴⚪⚪
Camembert, 60 % F.i.Tr.	30	109	0,0	0,0		🔴⚪⚪
Camembert, 70 % F.i.Tr.	30	122	0,0	0,0		🔴⚪⚪
Camembert gebacken	140	400	26,1	0,9	⚪🟡⚪	🔴⚪⚪
Cannelloni alla napoletana	350	480	35,9	0,4	⚪🟡⚪	🔴⚪⚪
Cennelloni überbacken	350	515	56,3	0,4	⚪🟡⚪	🔴⚪⚪
Carissa	125	100	20,7	6,2	⚪🟡⚪	⚪⚪🟢
Cashewmus pur	20	123	5,4	2,4	⚪⚪🟢	🔴⚪⚪

Produktbezeichnung	Portion in g	kcal pro Portion	KH in g pro Portion	Sacc. in g pro Portion	GLYX-Faktor	Sattfaktor
Cashewnuss	20	114	6,1	2,7	grün	rot
Cashewkerne, geröstet und gesalzen	20	117	5,0	2,2	grün	rot
Cervelatwurst	30	111	0,1	0,0		rot
Cevapcici mit Reis und Zwiebeln	150	354	19,1	0,6	gelb	rot
Champagner	100	79	3,5	0,0	rot	rot
Champignons	100	15	0,6	0,0	grün	grün
Champignons gefüllt	250	308	9,5	0,4	grün	rot
Champignons gegart	100	15	0,5	0,0	grün	grün
Champignons getrocknet	25	53	1,9	0,1	grün	grün
Champignons Konserve, Abtropfgew.	100	14	0,5	0,0	grün	grün
Champignons in Sahnesauce	250	178	4,4	0,2	grün	grün
Champignon-Cremesuppe	320	102	2,1	0,0	gelb	rot
Champignon-Cremesuppe, Trockenpr.	25	98	11,8	0,4	gelb	rot
Champignonpastete mit Mürbeteig	200	630	18,1	0,1	gelb	rot
Champignonsauce mit Weißwein	60	55	3,1	0,1	gelb	rot
Cheddar, 50 % F.i.Tr.	30	122	0,0	0,0		rot
Cheeseburger	117	302	31,4	0,4	gelb	rot
Cherimoya	125	81	16,8	5,7	gelb	grün
Cherry Brandy	20	61	6,5	0,0	rot	rot
Chester, 20 % F.i.Tr.	30	74	0,0	0,0		rot
Chester, 30 % F.i.Tr.	30	88	0,0	0,0		rot
Chester, 45 % F.i.Tr.	30	110	0,0	0,0		rot
Chester, 50 % F.i.Tr.	30	118	0,0	0,0		rot
Chicoree	50	9	1,2	0,1	grün	grün
Chicoree mit Käse überbacken	150	108	2,9	0,2	grün	gelb
Chicoreesalat mit Dressing	150	165	5,9	2,6	grün	rot
Chili con Carne	250	200	6,8	0,3	grün	gelb
Chiligewürz	1	3	0,3	0,0		grün
Chilisauce mit Tomaten	20	25	4,4	2,1	gelb	grün
Chinakohl	150	21	1,8	0,4	grün	grün
Chinakohl gegart	150	18	1,3	0,3	grün	grün
Chinesische Suppe	350	273	13,7	0,9	gelb	rot

Produktbezeichnung	Portion in g	kcal pro Portion	KH in g pro Portion	Sacc. in g pro Portion	GLYX-Faktor	Sattfaktor
Clementine	40	18	3,6	2,3	gelb	grün
Clementinen Konserve, Abtropfgew.	125	100	22,3	20,2	rot	gelb
Clementinennektar	200	124	28,6	25,9	rot	rot
Clementinensaft	200	88	17,2	11,9	rot	rot
Cocktail-Dressing, Fertigprodukt	25	144	0,8	0,3		rot
Cocktailkirsche	25	66	16,1	10,0	rot	rot
Cocktailwürstchen, Konserve	10	30	0,0	0,0		rot
Cognac	20	47	0,4	0,1		rot
Cola	200	122	21,7	11,8	rot	rot
Cola kalorienarm	200	8	0,2	0,1		rot
Cordon bleu vom Kalb	150	275	10,8	0,7	gelb	rot
Cordon bleu vom Schwein	150	326	13,9	0,9	gelb	rot
Corned Beef	30	42	0,0	0,0		rot
Corned Beef, deutsch, Konserve	150	189	0,3	0,0		rot
Cornflakes	30	107	23,7	0,7	rot	gelb
Cornflakes mit Milch und Zucker	150	287	57,9	30,7	rot	rot
Couscous	250	565	80,3	0,8	gelb	gelb
Crème fraiche, 30 %	25	72	0,6	0,0		rot
Crème fraiche, 40 %	25	93	0,5	0,0		rot
Cremeeis	75	141	14,9	10,1	gelb	rot
Cremespeisenpulver	3	11	2,8	0,0	rot	rot
Cremetorte, Biskuitteig	100	316	31,4	15,7	gelb	rot
Cremetorte, Rührteig	100	261	35,2	18,8	gelb	rot
Crêpes Suzette	200	378	48,7	20,8	gelb	rot
Croissant	70	356	31,4	2,4	gelb	rot
Croque Mozzarella mit Tomaten	200	416	47,3	0,9	gelb	rot
Croque Salami m. Salat und Tomaten	170	425	47,5	0,9	gelb	rot
Croque Schinken m. Käse u. Tomaten	235	531	46,8	1,6	gelb	rot
Cumberlandsauce	45	90	20,8	19,2	rot	rot
Curacao	20	64	5,7	5,5	rot	rot
Curry-Bratwurst	150	410	0,5	0,1		rot
Curry-Grillsauce	20	27	5,7	4,2	rot	gelb

Produktbezeichnung	Portion in g	kcal pro Portion	KH in g pro Portion	Sacc. in g pro Portion	GLYX-Faktor	Sattfaktor
Curry-Ketchup	20	22	4,8	0,2	🔴⚪⚪	🔴⚪⚪
Currypulver	1	3	0,5	0,1		⚪⚪🟢
Currysauce indisch	60	38	3,3	0,1	⚪⚪🟢	⚪⚪🟢
Currywurst mit Curryketchup	100	264	2,7	0,1	⚪🟡⚪	🔴⚪⚪
D						
Dampfnudeln	110	281	37,6	7,3	⚪🟡⚪	🔴⚪⚪
Dana blue, 50 % F.i.Tr.	30	104	0,0	0,0		🔴⚪⚪
Danbo, 45 % F.i.Tr.	30	97	0,0	0,0		🔴⚪⚪
Datteln	100	280	65,0	0,1	⚪🟡⚪	⚪⚪🟢
Datteln getrocknet	25	71	16,5	0,0	⚪🟡⚪	⚪⚪🟢
Debreziner	150	495	0,4	0,0		🔴⚪⚪
Debreziner Bohnengulasch	350	322	11,8	0,7	⚪⚪🟢	⚪🟡⚪
Dessertpulver für Quarkspeise	3	11	2,8	0,0	🔴⚪⚪	🔴⚪⚪
Dessertwein	50	95	6,0	0,0	🔴⚪⚪	🔴⚪⚪
Deutsche Salami	30	110	0,1	0,0		🔴⚪⚪
Diabetiker Eiswaffeln	20	89	6,4	0,0	⚪⚪🟢	🔴⚪⚪
Diabetiker Haferkeks	20	83	8,9	0,2	⚪🟡⚪	⚪🟡⚪
Diabetiker Karamellbonbon	3	7	2,7	0,0	⚪⚪🟢	🔴⚪⚪
Diabetiker Nougat	20	115	8,6	0,4	⚪⚪🟢	🔴⚪⚪
Diabetiker Nussnougatcreme	25	130	13,8	0,4	⚪⚪🟢	🔴⚪⚪
Diabetiker Vollkornzwieback	10	35	4,6	0,1	⚪🟡⚪	⚪⚪🟢
Diabetikerbier Pils	330	125	2,1	0,0	⚪🟡⚪	🔴⚪⚪
Diabetikermarmelade m. Fruchtzucker	25	27	7,4	0,0	⚪⚪🟢	🔴⚪⚪
Diabetikerschokolade	20	82	13,5	0,3	⚪🟡⚪	⚪🟡⚪
Diabetikersirup	25	68	19,5	0,0	⚪🟡⚪	🔴⚪⚪
Diabetikerzucker	5	12	5,0	0,0	⚪⚪🟢	🔴⚪⚪
Dicke Bohnen	150	126	18,8	1,1	⚪⚪🟢	⚪⚪🟢
Dicke Bohnen gegart	150	149	17,4	0,5	⚪⚪🟢	⚪⚪🟢
Dicke Bohnen getrocknet	50	163	23,8	1,4	⚪⚪🟢	⚪⚪🟢
Dicke Bohnen, Konserve, Abtropfgew.	150	108	15,1	0,9	⚪⚪🟢	⚪⚪🟢
Dicke Bohnen in heller Sauce	250	215	26,7	1,2	⚪⚪🟢	⚪⚪🟢

Produktbezeichnung	Portion in g	kcal pro Portion	KH in g pro Portion	Sacc. in g pro Portion	GLYX-Faktor	Sattfaktor
Dicker Bohneneintopf mit Speck	450	756	60,0	1,8	🟢	🟢
Dickmilch, 0,3 %	150	51	6,3	0,0	🟡	🔴
Dickmlich, 1,5 %	150	69	6,2	0,0	🟡	🔴
Dickmilch, 3,5 %	150	96	6,0	0,0	🟡	🔴
Dickmilch mit Früchten, 0,3 %	150	110	21,3	15,2	🟡	🟡
Dickmilch mit Früchten, 1,5 %	150	125	21,2	15,2	🟡	🟡
Dickmilch mit Früchten, 3,5 %	150	146	21,1	15,2	🟡	🔴
Dickmilch mit Müsli	150	186	25,8	8,2	🟡	🔴
Dill frisch	5	3	0,4	0,1	🟢	🟢
Dill getrocknet	1	3	0,4	0,1	🟢	🟢
Dillgurke sauer	50	4	0,7	0,2	🟢	🟢
Distelöl	12	105	0,0	0,0		🔴
Dominosteine	48	185	34,5	10,8	🟡	🔴
Donauwelle	70	218	21,5	12,2	🟡	🔴
Döner Kebab	350	665	84,1	1,6	🟡	🔴
Doppelbock	330	205	12,5	0,0	🔴	🔴
Dörrpflaumenkompott	250	173	38,2	19,9	🟡	🟢
Dosenschinken	30	36	0,3	0,3		🔴
Dresdner Stollen	100	408	46,7	9,2	🟡	🔴
Dukatenplätzchen	50	258	25,0	13,4	🟡	🔴
E						
Eclairs mit Sahne	100	294	18,5	5,1	🟡	🔴
Edamer, 30 % F.i.Tr.	30	77	0,0	0,0		🔴
Edamer, 40 % F.i.Tr.	30	95	0,0	0,0		🔴
Edamer, 45 % F.i.Tr.	30	106	0,0	0,0		🔴
Edelkastanie gegart	60	101	21,0	6,3	🟡	🟢
Edelkastanie geröstet	60	143	19,8	5,9	🟡	🟢
Edelkastanienmehl	10	18	3,7	1,1	🟡	🟢
Edelkastanienmus	20	36	7,4	2,2	🟡	🟢
Edelpizkäse, 45 % F.i.Tr.	30	91	0,0	0,0		🔴
Edelpilzkäse, 50 % F.i.Tr.	30	107	0,0	0,0		🔴

Produktbezeichnung	Portion in g	kcal pro Portion	KH in g pro Portion	Sacc. in g pro Portion	GLYX-Faktor	Sattfaktor
Edelpilzkäse, 60 % F.i.Tr.	30	128	0,0	0,0		🔴
Ei gebraten	60	98	0,4	0,0		🔴
Ei gekocht	60	92	0,4	0,0		
Ei mit Senfsauce	130	163	4,9	0,2	🟢	🔴
Ei pochiert (verlorenes Ei)	120	185	0,8	0,0		🔴
Eier russisch	120	242	3,6	0,5	🟢	🔴
Eierflockensuppe	330	112	2,9	0,2		🔴
Eierlikör	20	57	5,6	5,3	🟡	🔴
Eierpfannkuchen	250	525	55,0	0,2	🟡	🔴
Eierpfannkuchen mit Äpfeln	270	359	51,0	19,5	🟡	🔴
Eierstich, Suppeneinlage	30	33	0,8	0,0		🔴
Eigelb	22	77	0,1	0,0		🔴
Eintopf mit Birnen, Kart. u. Fleisch	450	351	38,9	3,9	🟢	🟢
Eintopf mit Gemüse	450	243	35,7	4,0	🟡	🟢
Eis mit Sahne	100	136	10,7	7,4	🟢	🔴
Eis mit Sahne und Früchten	150	189	17,7	13,1	🟢	🔴
Eisbaisertorte	250	595	87,1	80,0	🟡	🔴
Eisbecher »Birne Helene«	300	549	55,2	41,3	🟢	🔴
Eisbecher »Pfirsich Melba«	250	445	73,2	66,9	🟡	🔴
Eisbein, gepökelt und gekocht	250	363	2,4	2,4		🔴
Eisbergsalat	50	7	0,8	0,1	🟢	🟢
Eisbock	330	287	12,0	0,0	🔴	🔴
Eiscreme	75	120	23,0	20,1	🔴	🔴
Eiskaffee	250	573	16,2	8,9	🟡	🔴
Eiskonfekt	12	63	6,8	6,8	🟡	🟡
Eiswein, Beerenauslese	130	127	7,7	0,0	🔴	🔴
Eiszapfen weiß	100	14	1,9	0,1	🟢	🟢
Eiweiß	38	19	0,3	0,0		🔴
Elisenlebkuchen	25	103	12,3	11,8	🟡	🟡
Emmentaler, 45 % F.i.Tr.	30	115	0,0	0,0		🔴
Endivien	50	6	0,2	0,1	🟢	🟢
Ente gebraten, mit Orangensauce	300	654	9,8	1,5	🟡	🔴

Produktbezeichnung	Portion in g	kcal pro Portion	KH in g pro Portion	Sacc. in g pro Portion	GLYX-Faktor	Satt-faktor
Ente gebraten, mit Haut	150	261	0,0	0,0		rot
Entenfett	15	132	0,0	0,0		rot
Entenklein gebraten	150	365	0,0	0,0		rot
Entenklein gegart	150	266	0,0	0,0		rot
Entenleber	125	164	4,4	0,0	gelb	rot
Entenschenkel gegart	150	273	0,0	0,0		rot
Erbsen gekeimt	100	32	1,9	0,0	gelb	grün
Erbsen grün	150	123	18,5	7,4	gelb	grün
Erbsen grün, gedünstet mit Kräutern	250	303	34,5	17,2	gelb	grün
Erbsen grün, gegart	150	126	18,9	7,6	gelb	grün
Erbsen grün, getrocknet	50	144	21,2	8,5	grün	grün
Erbsen grün, getrocknet und gegart	150	158	23,2	9,3	grün	grün
Erbsen grün, in heller Sauce	250	218	31,6	11,9	gelb	grün
Erbsen grün, Konserve, Abtropfgew.	150	105	14,8	5,9	gelb	grün
Erbsen-Mais-Gemüse, Konserve	250	298	26,0	7,3	grün	grün
Erbsen und Möhren in heller Sauce	250	135	13,9	3,6	grün	grün
Erbseneintopf mit Würstchen	450	405	32,2	1,4	grün	grün
Erbsenpüree (von Trockenerbsen)	250	235	31,6	1,4	gelb	grün
Erbsensuppe	400	244	16,7	5,2	grün	grün
Erbsensuppe mit Speck	400	344	35,9	1,4	gelb	grün
Erbsensuppe püriert	350	294	23,5	7,3	grün	grün
Erbswurst	30	92	3,7	0,2	grün	gelb
Erdbeeren	125	40	6,9	1,2	gelb	grün
Erdbeer-Bowle	200	158	12,1	5,9	gelb	rot
Erdbeercreme	200	322	26,0	18,9	gelb	rot
Erdbeeren Konserve, Abtropfgew.	125	83	18,6	16,6	rot	gelb
Erdbeereis	100	105	19,4	13,9	rot	rot
Erdbeerkonfitüre	25	67	16,3	15,8	rot	rot
Erdbeersahnetorte	100	202	23,7	11,8	gelb	rot
Erdnüsse	20	112	1,7	0,7	grün	gelb
Erdnüsse dragiert	25	133	6,6	5,7	grün	gelb
Erdnüsse geröstet	20	116	1,9	0,8	grün	gelb

Produktbezeichnung	Portion in g	kcal pro Portion	KH in g pro Portion	Sacc. in g pro Portion	GLYX-Faktor	Sattfaktor
Erdnüsse geröstet und gesalzen	20	114	1,9	0,7	○○●	○●○
Erdnussbutter	20	119	2,4	1,2	○○●	○●○
Erdnussflips	25	132	11,3	0,3	○●○	●○○
Erdnusskrokant	20	87	16,3	16,1	●○○	●○○
Erdnussmus	20	116	2,1	0,8	○○●	○●○
Erdnussmus gesalzen	20	113	2,1	0,8	○○●	○●○
Erdnussöl	12	105	0,0	0,0		●○○
Erdnussplätzchen	50	260	21,8	12,7	○○●	○●○
Esrom, 45 % F.i.Tr.	30	94	0,0	0,0		●○○
Essig/Weinessig	15	3	0,1	0,0		●○○
Essig-Kräuter-Sauce	45	239	0,7	0,1		●○○
Essigmarinade	45	136	0,5	0,4		●○○
Estragon frisch	5	2	0,3	0,1	○○●	○○●
Estragon getrocknet	1	3	0,4	0,1	○○●	○●○
F						
Fasan	150	203	0,0	0,0		●○○
Feige frisch	20	13	2,6	0,1	○●○	○○●
Feige getrocknet	25	71	14,5	0,5	○●○	○○●
Felchen gegart	180	140	0,0	0,0		●○○
Felchen geräuchert	75	81	0,0	0,0		●○○
Feldsalat	50	7	0,4	0,1	○○●	○○●
Fenchel	150	38	4,3	0,6	○○●	○○●
Fenchel gegart	150	33	3,3	0,4	○○●	○○●
Fenchelgemüse gedünstet	200	106	6,0	1,3	○○●	○○●
Fenchelsamen frisch	5	17	1,8	0,3	○○●	○○●
Fetakäse	30	71	0,0	0,0		●○○
Filetsteak vom Rind, gebraten	200	296	0,3	0,0		●○○
Filetsteak mit Kräuterbutter	200	548	1,2	0,2		●○○
Fisch in Gelee	125	233	0,0	0,0		●○○
Fisch TK paniert	150	177	19,6	0,6	●○○	●○○
Fischauflauf mit Gemüse	300	213	8,2	0,4	○○●	○○●

Produktbezeichnung	Portion in g	kcal pro Portion	KH in g pro Portion	Sacc. in g pro Portion	GLYX-Faktor	Sattfaktor
Fischbrühe	300	69	2,2	0,3		●○○
Fischcurry mit Sauce	300	297	11,8	0,6	○●○	●○○
Fischfilet Müllerin	230	412	9,7	0,2	○○●	●○○
Fischfilet paniert	200	346	28,1	1,1	○●○	●○○
Fischfrikadelle	120	190	12,6	0,3	○●○	●○○
Fischfrikassee mit Sauce	300	321	11,0	0,9	○●○	●○○
Fischkroketten	180	193	8,7	0,3	○●○	●○○
Fischsalat m. Gemüse u. Mayonnaise	100	94	3,0	1,1	○●○	○●○
Fischsalat mit Salatsauce	100	189	1,1	0,5		●○○
Fischstäbchen gebraten	150	290	21,2	0,7	○●○	●○○
Fischstäbchen TK	150	177	19,6	0,6	●○○	●○○
Fischsuppe gebunden	400	492	10,1	0,4	○●○	●○○
Fladenbrot	50	118	24,0	0,4	●○○	○●○
Flädle, Trockenprodukt	60	211	41,0	0,2	●○○	○●○
Flädlesuppe	330	221	19,9	0,3	○●○	●○○
Flammeri mit Erdbeeren	250	360	29,4	18,1	○●○	●○○
Fleischextrakt instant	5	9	0,1	0,0		●○○
Fleisch-Gemüse-Pie	200	442	33,6	1,3	○○●	○●○
Fleischbrühe	300	147	2,5	0,7		○●○
Fleischbrühe mit Gemüseeinlage	350	140	3,1	0,2	○●○	●○○
Fleischbrühe mit Nudeln	330	215	18,4	0,7	○●○	○●○
Fleischbrühe-Fertigprodukt, Würfel	5	7	0,6	0,0		●○○
Fleischkäse einfach	30	95	0,1	0,0		●○○
Fleischkäse grob	30	81	0,1	0,0		●○○
Fleischkäse im Teigmantel	200	710	19,1	0,1	○●○	●○○
Fleischklößchen	50	96	4,0	0,2	○●○	●○○
Fleischpastete	350	875	63,0	0,8	○●○	●○○
Fleischpirogge mit Sauerkraut	350	592	54,5	3,2	○○●	○●○
Fleischtomate	150	26	3,9	0,2	○○●	○○●
Fleischwurst	30	85	0,1	0,0		●○○
Fleischwurst im Blätterteig	200	662	23,4	0,3	○●○	●○○
Flunder gegart	180	83	0,0	0,0		●○○

Produktbezeichnung	Portion in g	kcal pro Portion	KH in g pro Portion	Sacc. in g pro Portion	GLYX-Faktor	Sattfaktor
Flunder geräuchert	75	76	0,0	0,0		●○○
Flunder paniert	200	358	18,5	0,8	○○●	●○○
Flunderfilet	150	143	0,0	0,0		●○○
Flunderfilet gegart	150	168	0,0	0,0		●○○
Flusskrebse gegart	100	92	1,3	0,0		●○○
Fondant	20	71	17,6	17,6	●○○	●○○
Fondantkonfekt	20	76	17,1	13,1	●○○	●○○
Forelle blau	200	236	0,0	0,0		●○○
Forelle gegart	180	115	0,0	0,0		●○○
Forelle geräuchert	75	90	0,0	0,0		●○○
Forelle »Müllerin Art«	200	354	7,8	0,1	○●○	●○○
Forelle paniert	200	376	18,9	0,8	○●○	●○○
Forellenfilet	150	170	0,0	0,0		●○○
Forellenfilet gegart	150	185	0,0	0,0		●○○
Frankfurter Kranz	70	254	22,5	13,6	○●○	●○○
Frankfurter Würstchen	100	276	0,2	0,0		●○○
French Dressing, Fertigprodukt	25	52	1,2	0,8		●○○
Frikadelle	70	109	3,5	0,1	○●○	●○○
Frischkäse, 50 % F.i.Tr.	30	84	1,0	0,0		●○○
Frischkäse, 60 % F.i.Tr.	30	101	0,8	0,0		●○○
Frischkäse, 70 % F.i.Tr.	30	113	0,8	0,0		●○○
Frischkäse mit Kräutern, 60 % F.i.Tr.	30	75	0,7	0,0		●○○
Frischkäse mit Kräutern, Magerstufe	30	27	0,9	0,0		●○○
Frischkäsezubereitung, 10 %	30	25	1,1	0,0		●○○
Frischkäsezubereitung, 20 %	30	32	1,1	0,0		●○○
Frischkäsezubereitung, 30 %	30	34	1,1	0,0		●○○
Frischkäsezubereitung, 40 %	30	45	1,0	0,0		●○○
Frischkäsezubereitung, 45 %	30	49	0,2	0,0		●○○
Frischkäsezubereitung, 50 %	30	85	1,0	0,0		●○○
Frischkäsezubereitung, 60 %	30	102	0,7	0,0		●○○
Frittierfett	15	132	0,0	0,0		●○○
Fruchtdickmilch mit Süßstoff	150	93	6,8	0,3	○○●	○●○

Produktbezeichnung	Portion in g	kcal pro Portion	KH in g pro Portion	Sacc. in g pro Portion	GLYX-Faktor	Sattfaktor
Früchtebrot	45	158	23,8	8,9	○●○	○●○
Früchtebrot, Rührteig	70	245	37,0	13,8	○●○	○●○
Früchtecreme	200	228	37,1	16,4	○●○	●○○
Fruchteis	75	99	21,0	17,7	●○○	●○○
Früchtemüsli	40	136	24,1	1,5	○●○	○○●
Früchtequark	250	258	43,7	30,3	●○○	●○○
Früchtetee	125	1	0,3	0,0		●○○
Fruchtgummi	5	9	2,3	1,2		●○○
Fruchtjoghurt mit Süßstoff	150	96	6,8	0,3	○○●	○●○
Fruchtquark mit Süßstoff	150	110	6,8	0,3	○●○	○●○
Fruchtgetränk, Zitrus	200	94	22,4	0,9	●○○	●○○
Fruchtsaftgetränk, Zitrus, kal.arm	200	24	5,2	0,2	○●○	●○○
Fruchtsaftgetränk, Beerenobst	200	102	24,4	4,9	●○○	●○○
Fruchtsaftgetränk, Trauben	200	124	29,3	2,7	●○○	●○○
Fruchtsaftlikör	20	61	6,5	0,0	●○○	●○○
Fruchtschaumdessert, Trockenpulver	150	164	39,4	0,0	●○○	●○○
Fruchtschnitten	50	157	22,2	9,5	○●○	●○○
Fruchtsirup	25	72	17,7	16,9	●○○	●○○
Fruchtzucker	5	20	5,0	0,0	○○●	●○○
Frühlingsquark m. Kartoffeln u. Butter	400	412	31,3	0,5	○●○	○●○
Frühlingsrolle mit Gemüsefüllung	150	305	24,0	1,0	○●○	●○○
Frühlingssuppe klar	350	175	21,3	1,9	○●○	○○●
Frühstücksfleisch	30	87	0,1	0,0		●○○
Fürst Pückler Bombe	250	805	41,6	33,2	○○●	●○○
G						
Gaisburger Marsch, Konserve	500	720	65,5	1,2	○●○	●○○
Gans gegart	150	419	0,0	0,0		●○○
Gänsebraten mit Sauce	300	975	2,1	0,2		●○○
Gänsekeule überbacken, mit Sauce	300	561	11,8	6,1	○○●	●○○
Gänseklein gegart	150	437	0,0	0,0		●○○
Gänseleber	125	164	6,3	0,0	○●○	●○○

Produktbezeichnung	Portion in g	kcal pro Portion	KH in g pro Portion	Sacc. in g pro Portion	GLYX-Faktor	Sattfaktor
Gänseleber in Aspik	30	35	1,3	0,0		●○○
Gänseleberpastete	30	74	1,2	0,0		●○○
Gänseleberwurst mit Trüffeln	30	76	0,9	0,0		●○○
Gänseschmalz	15	132	0,0	0,0		●○○
Garnele	100	102	0,9	0,0		●○○
Garnelen-Cremesuppe, Konserve	250	520	1,8	0,0		●○○
Garnelensuppe Konserve	250	220	2,0	0,0		●○○
Gartenkürbis	150	20	3,3	0,5	○●○	○○●
Gartenkürbis gesäuert	50	4	0,5	0,1	○○●	○○●
Gartenkürbis Konserve, Abtropfgew.	150	14	2,1	0,3	○○●	○○●
Gazpacho	350	67	3,7	0,2	○○●	○○●
Geflügelbrühe	300	240	1,7	0,5		●○○
Geflügel-Cremesuppe	350	210	8,3	0,0	○○●	●○○
Geflügeldöner	350	574	76,6	1,5	●○○	●○○
Geflügelkraftbrühe	300	294	1,3	0,2		●○○
Geflügelkroketten	200	350	15,0	0,5	○○●	●○○
Geflügelmortadella	30	52	0,1	0,0		●○○
Geflügelsalat mit Sahne	100	262	5,3	3,4	○○●	●○○
Gelatine	1	3	0,0	0,0		●○○
Gelee extra	25	65	15,8	14,9	●○○	●○○
Geleefrüchte	25	82	19,8	13,5	○●○	○○●
Gemüse überbacken, in Käsesauce	350	312	20,3	4,0	○○●	○○●
Gemüsebratling	200	264	24,0	1,4	○○●	○●○
Gemüsebrühe	300	57	1,5	0,6		○○●
Gemüseburger	200	236	34,6	4,1	○●○	○○●
Gemüse-Cremesuppe	350	130	14,1	0,9	○●○	○●○
Gemüseeintopf	350	252	7,8	2,0	○●○	○●○
Gemüseeintopf mit Hammel	450	410	4,8	1,3	○○●	●○○
Gemüseeintopf mit Rind	450	212	21,3	2,7	○●○	○○●
Gemüseeintopf mit Weißkohl	450	234	31,8	1,4	○●○	○○●
Gemüsemischung gegart	150	51	7,1	2,2	○●○	○○●
Gemüsemischung Konserve	150	48	6,6	2,0	○●○	○○●

Produktbezeichnung	Portion in g	kcal pro Portion	KH in g pro Portion	Sacc. in g pro Portion	GLYX-Faktor	Satt-faktor
Gemüseplatte mit Kartoffeln	250	200	21,6	1,8	🟡	🟢
Gemüsereis	250	228	40,3	0,9	🟡	🟡
Gemüsesalat gegart, mit Essigmar.	150	57	8,5	3,4	🟡	🟢
Gemüsesalat gegart, mit Joghurtdr.	150	62	7,5	2,2	🟡	🟢
Gemüsesalat gegart, mit Mayonnaise	150	131	7,1	2,3	🟢	🟢
Gemüsesuppe italienisch	350	133	16,3	2,1	🟡	🟢
Gemüsesuppe mit Graupen	450	189	20,4	2,2	🟡	🟢
Gemüsetrunk	200	24	3,6	1,1	🟡	🟡
Gemüsezwiebel	80	22	3,9	0,8	🟡	🟢
Genever	20	39	0,0	0,0		🔴
Germknödel	330	842	90,3	44,8	🟡	🟡
Gerste Vollkorn	40	128	25,7	0,4	🟡	🟢
Gerste Vollkorn, gegart	180	184	36,3	0,6	🟡	🟢
Gerstenbrot	45	95	20,0	0,3	🔴	🟡
Gerstenflocken	40	126	26,4	0,4	🔴	🟢
Gerstenmehl	10	34	6,9	0,1	🔴	🟡
Gerstensuppe Bündner Art	350	116	15,6	1,6	🟡	🟢
Getränkepulver Orange	25	96	22,5	0,9	🔴	🔴
Getreidebratling	200	236	33,5	0,6	🟡	🟢
Getreidesprossen	12	8	1,6	0,1	🟢	🟢
Gewürzgurke	50	8	0,9	0,2	🟢	🟢
Gewürzkuchen, Rührteig	70	252	33,3	17,1	🟡	🔴
Gewürzmischung, chinesisch	1	3	0,3	0,0		🟢
Gin	20	52	0,0	0,0		🔴
Glühwein	200	210	29,5	26,0	🔴	🔴
Glutamat	0,5	2	0,0	0,0		🔴
Glutenfleisch braun	30	41	2,3	0,1		🔴
Goldbackfisch TK	150	225	8,6	0,0	🟡	🔴
Gorgonzola	30	107	0,0	0,0		🔴
Gouda, 30 % F.i.Tr.	30	77	0,0	0,0		🔴
Gouda, 40 % F.i.Tr.	30	90	0,0	0,0		🔴
Gouda, 45 % F.i.Tr.	30	110	0,0	0,0		🔴

Produktbezeichnung	Portion in g	kcal pro Portion	KH in g pro Portion	Sacc. in g pro Portion	GLYX-Faktor	Sattfaktor
Gouda, 60 % F.i.Tr.	30	126	0,0	0,0		rot
Grahambrot	40	85	16,5	0,2	gelb	grün
Granatapfel	125	98	20,9	0,4	gelb	grün
Granatapfelsaft	200	154	33,7	3,3	rot	rot
Grand Marnier	20	64	5,7	5,5	rot	rot
Grapefruit	100	50	9,0	3,5	gelb	gelb
Grapefruitkonfitüre	25	69	16,6	16,1	rot	rot
Grapefruitnektar	200	128	28,4	24,0	rot	rot
Grapefruitsaft	200	96	16,9	8,2	rot	rot
Graubrot	45	95	20,0	0,3	rot	gelb
Graubrot mit Ölsamen	45	102	19,3	0,3	gelb	gelb
Graubrot mit Sesam	45	101	19,3	0,3	gelb	gelb
Graubrot mit Zwiebeln	45	92	19,4	0,3	gelb	grün
Graupen, Perlgraupen	20	68	14,2	0,2	rot	gelb
Graupensuppe	350	172	21,1	0,8	gelb	gelb
Greyerzer, 50 % F.i.Tr.	30	122	0,0	0,0		rot
Grießbrei	200	146	22,9	11,4	gelb	rot
Grießflammerie mit Mandeln	250	400	42,9	22,2	gelb	rot
Grießklößchensuppe	350	504	38,4	0,5	gelb	rot
Grießklöße	250	378	46,5	0,5	gelb	gelb
Grießnockerln	30	133	7,2	0,1	gelb	rot
Grießpudding	250	545	51,4	15,4	gelb	rot
Grießschnitten	250	435	59,4	17,8	gelb	rot
Grießsuppe aus Milch	350	340	46,3	19,2	gelb	rot
Grießsuppe mit Gemüseeinlage	400	188	19,0	0,5	gelb	gelb
Grillsauce Barbecue	20	29	6,3	4,1	rot	gelb
Grillsauce mexikanisch	20	12	1,6	0,1		grün
Grillsteak	250	398	0,0	0,0		rot
Grüner Bohneneintopf mit Hammel	450	378	28,3	0,8	gelb	gelb
Grüner Bohneneintopf mit Rind	450	275	30,1	1,0	gelb	grün
Grüne Sauce	45	106	1,4	0,2		rot
Grünkern-Gemüse-Bratling	200	288	35,8	0,9	gelb	gelb

Produktbezeichnung	Portion in g	kcal pro Portion	KH in g pro Portion	Sacc. in g pro Portion	GLYX-Faktor	Sattfaktor
Grünkern Vollkorn	40	130	25,3	0,3	○●○ (gelb)	○○● (grün)
Grünkern Vollkorn gegart	180	187	35,7	0,4	○●○ (gelb)	○○● (grün)
Grünkernsuppe	350	347	11,2	0,7	○●○ (gelb)	●○○ (rot)
Grünkohl	150	56	3,8	1,0	○○● (grün)	○○● (grün)
Grünkohl gegart	150	42	2,3	0,6	○○● (grün)	○○● (grün)
Grünkohl Konserve, Abtropfgew.	150	50	3,0	0,7	○○● (grün)	○○● (grün)
Grünkohleintopf mit Kochwurst	450	392	18,9	1,7	○○● (grün)	○○● (grün)
Grünkohleintopf mit Schweinebauch	450	522	10,8	2,2	○○● (grün)	○●○ (gelb)
Grützblutwurst	30	72	2,8	0,1		●○○ (rot)
Guave	100	38	6,7	1,6	○●○ (gelb)	○○● (grün)
Guave Konserve, Abtropfgew.	100	76	16,5	13,9	○●○ (gelb)	○○● (grün)
Guavennektar	200	102	23,8	21,4	●○○ (rot)	●○○ (rot)
Gulaschsuppe	400	248	14,8	0,6	○○● (grün)	●○○ (rot)
Gulaschsuppe Konserve	250	275	6,5	0,7	○●○ (gelb)	●○○ (rot)
Gummibonbons	5	9	2,3	1,2	●○○ (rot)	●○○ (rot)
Gurken	150	14	2,0	0,1	○○● (grün)	○○● (grün)
Gurken gegart	150	18	2,7	0,1	○○● (grün)	○○● (grün)
Gurken Konserve, Abtropfgew.	150	15	2,1	0,1	○○● (grün)	○○● (grün)
Gurken sauer	50	4	0,6	0,1	○○● (grün)	○○● (grün)
Gurken süßsauer	50	9	1,4	0,5	○●○ (gelb)	○○● (grün)
Gurken-Rahmsuppe mit Dill	300	126	6,4	0,6	○○● (grün)	○●○ (gelb)
Gurkensalat mit Dressing	150	62	4,2	1,0	○○● (grün)	○●○ (gelb)
Gurkensalat mit Joghurt	150	87	4,4	1,2	○○● (grün)	●○○ (rot)
Gurkentrunk	200	8	1,2	0,1	○○● (grün)	●○○ (rot)
H						
Hackbällchen auf Tomate	250	323	10,0	0,7	○○● (grün)	●○○ (rot)
Hackbraten mit Sauce	380	680	16,8	0,8	○●○ (gelb)	●○○ (rot)
Hackfleisch Schwein, gegart	100	264	0,0	0,0		●○○ (rot)
Hackfleisch Schwein, roh	100	250	0,0	0,0		●○○ (rot)
Hackfleisch gemischt, gegart	100	239	0,4	0,0		●○○ (rot)
Hackfleisch gemischt, roh	100	221	0,3	0,0		●○○ (rot)

Produktbezeichnung	Portion in g	kcal pro Portion	KH in g pro Portion	Sacc. in g pro Portion	GLYX-Faktor	Sattfaktor
Hackfleisch Rind, gegart	100	223	0,7	0,0		●○○
Hackfleisch Rind, roh	100	202	0,5	0,0		●○○
Hackfleischsauce	75	83	4,1	0,1	○○●	●○○
Hacksteak Fertiggericht	150	282	1,6	0,2		●○○
Hacksteak gegart	200	402	3,3	0,0	○○●	●○○
Hafer gegart	180	207	33,7	0,5	○●○	○●○
Hafervollkorn	40	141	23,9	0,4	○●○	○●○
Haferbrei	250	403	50,4	20,8	○●○	●○○
Haferflocken	40	148	25,3	0,4	○●○	○●○
Haferflocken gegart	80	63	10,4	0,2	○●○	○●○
Haferflocken Vollkorn	40	148	25,3	0,4	○●○	○●○
Haferflocken-Nussgebäck	50	237	21,4	9,8	○●○	●○○
Haferflocken-Plätzchen	50	209	25,1	10,0	○●○	●○○
Hafergrütze	40	148	26,3	0,4	○●○	○●○
Hafergrütze gegart	180	194	33,3	0,5	○●○	○●○
Hafervollkornbrot	50	103	20,0	0,3	○●○	○○●
Hagebutte	125	135	24,1	2,4	○●○	○○●
Hagebutte gegart	125	140	24,9	2,5	○●○	○○●
Hagebuttenkonfitüre	25	74	17,5	15,9	●○○	●○○
Hähnchen gegart	150	284	0,0	0,0		●○○
Hähnchen gegrillt	250	435	0,0	0,0		●○○
Hähnchen Innereien	125	184	7,6	0,0	○●○	●○○
Hähnchenbrust	150	153	0,0	0,0		●○○
Hähnchenflügel	150	312	0,0	0,0		●○○
Hähnchenklein gegart	150	342	0,0	0,0		●○○
Hähnchenleber gegart	125	184	7,6	0,0	○●○	●○○
Hähnchenschenkel gegart	150	321	0,0	0,0		●○○
Halbbitterkuvertüre	25	99	16,0	14,4	○●○	○○●
Hallimasch frisch	100	15	0,1	0,0	○○●	○○●
Halwa	50	190	43,7	35,0	●○○	●○○
Hamburger	103	253	30,7	0,5	○●○	●○○
Hamburger Aalsuppe	400	328	19,0	8,3	○○●	○●○

Produktbezeichnung	Portion in g	kcal pro Portion	KH in g pro Portion	Sacc. in g pro Portion	GLYX-Faktor	Sattfaktor
Hamburger Pfannfisch	250	268	20,8	0,9	gelb	gelb
Hammelbraten mf.	125	278	0,0	0,0		rot
Hammelbrust gegart	125	256	0,0	0,0		rot
Hammelfilet gegart	125	188	0,0	0,0		rot
Hammelkeule gegart	125	339	0,0	0,0		rot
Hammelkotelett mf., gegart	150	389	0,0	0,0		rot
Hammellende gegart	125	186	0,0	0,0		rot
Hammeltalg	15	110	0,0	0,0		rot
Hartkäse, 30 % F.i.Tr.	30	107	0,0	0,0		rot
Hartkäse, 40 % F.i.Tr.	30	115	0,0	0,0		rot
Hartkäse, 50 % F.i.Tr.	30	122	0,0	0,0		rot
Hartkäse Magerstufe	30	50	0,0	0,0		rot
Hartkaramell gefüllt	5	18	4,4	2,2	rot	rot
Hase i.D., gegart	150	230	0,0	0,0		rot
Haselnuss	20	127	2,1	1,3	grün	gelb
Haselnussberge	50	234	22,1	16,1	gelb	rot
Haselnusscreme (Dessert)	200	472	26,8	20,0	grün	rot
Haselnussflammeri	250	320	36,2	20,0	gelb	rot
Haselnusskrokant	20	90	16,4	16,2	gelb	rot
Haselnusskugeln	50	263	25,0	12,5	gelb	rot
Haselnussmark ungezuckert	20	130	2,2	1,3	grün	rot
Haselnussmus	20	130	2,2	1,3	grün	rot
Haselnussöl	12	106	0,0	0,0		rot
Hasenbraten mit Sauce	200	340	3,8	0,6	grün	rot
Hasenpfeffer mit Sauce	350	536	7,3	0,9	gelb	rot
Hasenragout	350	214	9,1	1,9	gelb	rot
Hausmacher Blutwurst	30	103	0,2	0,0		rot
Hausmacher Leberwurst, Konserve	30	90	0,3	0,0		rot
Hausmacher Sülze, Konserve	30	83	0,1	0,0		rot
Havarti, 45 % F.i.Tr.	30	97	0,0	0,0		rot
Hecht gegart	180	90	0,0	0,0		rot
Hechtfilet gegart	150	140	0,0	0,0		rot

Produktbezeichnung	Portion in g	kcal pro Portion	KH in g pro Portion	Sacc. in g pro Portion	GLYX-Faktor	Satt-faktor
Hechtfilet paniert	200	338	18,9	0,8	○●○	●○○
Hefe frisch	5	4	0,1	0,0		○○●
Hefeaufstrich m. Champign. (Paste)	20	38	0,8	0,1		○●○
Hefeaufstrich mit Getreide (Paste)	20	38	1,6	0,0		●○○
Hefeaufstrich mit Kräutern (Paste)	20	39	0,8	0,0		●○○
Hefeaufstrich mit Olive (Paste)	20	50	0,8	0,0		●○○
Hefeboller	50	161	21,7	7,5	○●○	●○○
Hefebrüheextrakt	5	15	0,6	0,0		●○○
Hefebrüheextrakt mit Gemüse	5	13	0,5	0,0		●○○
Hefebrüheextrakt m. Gem., gekörnt	5	12	1,1	0,0		●○○
Hefebrüheextrakt mit Gemüse, Paste	5	9	0,2	0,0		●○○
Hefeextrakt, Aufstrich	20	63	0,5	0,0		●○○
Hefeflocken	3	11	1,0	0,0		○●○
Hefegranulat	5	18	1,7	0,0		○●○
Hefeklöße aus dem Backofen	180	502	75,7	2,3	○●○	●○○
Hefeplinsen	150	338	43,6	5,2	○●○	●○○
Hefeteig	100	302	43,7	6,3	○●○	●○○
Hefeweizenbier	330	125	10,0	0,0	●○○	●○○
Hefezopf	100	302	46,6	5,4	○●○	●○○
Heidelbeeren	125	53	9,3	0,4	○○●	○○●
Heidelbeeren gegart	125	55	9,7	0,4	○○●	○○●
Heidelbeeren Konserve, Abtropfgew.	125	93	20,1	16,5	○●○	○○●
Heidelbeerkonfitüre	25	68	16,4	15,8	●○○	●○○
Heidelbeerkonfitüre, mit Süßstoff	25	17	4,5	0,0	○○●	○○●
Heidesand	50	231	29,6	14,6	○●○	●○○
Heilbutt gegart	180	158	0,0	0,0		●○○
Heilbutt gegrillt	200	342	2,1	0,5		●○○
Heilbutt geräuchert	75	77	0,0	0,0		●○○
Heilbutt paniert	200	360	18,5	0,8	○●○	●○○
Heilbuttfilet	150	146	0,0	0,0		●○○
Heilbuttfilet gegart	150	168	0,0	0,0		●○○
Hering gegart	180	286	0,0	0,0		●○○

Produktbezeichnung	Portion in g	kcal pro Portion	KH in g pro Portion	Sacc. in g pro Portion	GLYX-Faktor	Satt-faktor
Hering geräuchert	75	163	0,0	0,0		●○○
Hering grün, gegrillt	200	502	0,0	0,0		●○○
Hering Konserve, Abtropfgew.	65	132	0,0	0,0		●○○
Hering in Öl, Konserve, Abtropfgew.	60	124	0,0	0,0		●○○
Heringsfilet frisch	150	309	0,0	0,0		●○○
Heringsfilet gegart	150	356	0,0	0,0		●○○
Heringsfilet in Dillrahmcreme	90	155	1,9	0,9		●○○
Heringsfilet in Kräuterbuttercreme	90	185	2,8	0,9		●○○
Heringsfilet in Sahne-Meerrettich	90	158	1,7	1,0		●○○
Heringsfilet in Senfcreme	90	158	2,2	1,5		●○○
Heringsfilet in Tomatensauce	90	166	1,6	0,9		●○○
Heringsfilet Matjesart	90	188	0,0	0,0		●○○
Heringsfilet mit Remouladensauce	230	458	7,9	0,9	○●○	●○○
Heringsfilet paniert	250	658	22,7	1,0	○●○	●○○
Heringssalat mit Äpfeln und Zwiebeln	150	266	3,1	0,7	○●○	●○○
Heringssalat m. Roter Bete u. Äpfeln	150	228	9,7	2,9	○●○	●○○
Himbeeren	125	43	6,0	1,2	○○●	○○●
Himbeeren Konserve, Abtropfgew.	125	85	18,2	16,6	○●○	○○●
Himbeergeist	20	48	0,0	0,0		●○○
Himbeerkompott	250	165	34,1	27,1	○●○	○○●
Himbeerkonfitüre	25	67	16,2	15,8	●○○	●○○
Himbeersaft	200	78	12,1	4,7	●○○	●○○
»Himmel und Erde«	350	245	47,6	3,4	○●○	○○●
»Himmel und Erde« mit Blutwurst	350	574	30,0	4,2	○○●	●○○
Hinterschinken	30	36	0,3	0,3		●○○
Hirsch gegart i.D.	150	224	0,0	0,0		●○○
Hirschbraten mit Sauce	400	352	6,9	0,2	○○●	●○○
Hirschhornsalz	1	2	0,4	0,0		●○○
Hirschkotelett mit Pfifferlingen	350	515	9,2	1,6	○○●	○●○
Hirse ganzes Korn	20	66	12,8	0,3	○●○	○○●
Hirse gegart	180	205	38,9	0,8	●○○	○●○
Hirseflocken	40	142	27,5	0,6	●○○	○●○

Produktbezeichnung	Portion in g	kcal pro Portion	KH in g pro Portion	Sacc. in g pro Portion	GLYX-Faktor	Sattfaktor
Hirsevollkornbrot	50	109	21,2	0,1	rot	grün
Hirsevollkornflocken	40	142	27,5	0,6	gelb	gelb
Holunderbeeren	125	60	9,3	0,3	grün	grün
Holunderbeeren gegart	125	63	9,7	0,4	grün	grün
Holunderbeersaft	200	100	16,6	3,3	rot	rot
Holundersuppe mit Äpfeln	350	165	36,2	19,0	gelb	grün
Holundersuppe mit Äpfeln u. Klößen	350	210	39,2	20,0	gelb	gelb
Holzofenbrot	45	95	20,0	0,3	rot	gelb
Honig	25	77	18,8	0,6	rot	rot
Honigkuchen	70	251	47,5	9,4	rot	rot
Honigmelone	125	33	6,6	5,1	gelb	grün
Hörnchen, Blätterteig	70	329	33,5	0,1	gelb	rot
Huhn in Currysauce, Konserve	150	216	3,7	0,2	grün	rot
Hühnerbrühe gekörnt	3	4	0,3	0,0		rot
Hühnerbrühe mit Nudeln	330	287	14,3	0,6	grün	rot
Hühnerbrühe mit Reis	350	123	13,0	1,1	gelb	gelb
Hühnerfrikassee	450	608	8,1	1,3	grün	rot
Hühnerpastete	30	78	2,3	0,0		rot
Hühnersuppe gebunden	350	249	12,4	0,2	grün	rot
Hummer	100	86	0,5	0,0		rot
Hummer gegart	100	88	0,5	0,0		rot
Hummersalat mit Mayonnaise	150	194	4,7	2,0	grün	rot
Hummersuppe	400	492	10,1	0,4	grün	rot
Husarenkrapfen	50	267	25,7	9,1	gelb	rot
Hüttenkäse, 10 %	30	27	0,5	0,0		rot
Hüttenkäse, 20 %	30	31	0,8	0,0		rot
Hüttenkäse Magerstufe	30	24	1,0	0,0		rot
I						
Ingwer kandiert	25	65	15,7	10,1	rot	rot
Ingwerknolle	5	3	0,5	0,1	grün	gelb
Ingwerpulver	1	3	0,6	0,1		gelb

Produktbezeichnung	Portion in g	kcal pro Portion	KH in g pro Portion	Sacc. in g pro Portion	GLYX-Faktor	Sattfaktor
Irish Stew	400	352	21,4	1,1	grün	gelb
Italian Dressing	60	305	0,6	0,1		rot
J						
Jacobsmuscheln	100	77	5,9	0,0		rot
Jagdwurst	30	65	0,1	0,0		rot
Jagdwurst fettarm	30	62	0,0	0,0		rot
Jägergrillsauce	20	22	4,8	4,0	rot	gelb
Jägerpilzsuppe	320	102	2,7	0,0		rot
Jägersauce	60	44	3,6	0,4	grün	gelb
Jägerschnitzel	150	173	4,8	0,2	gelb	rot
Jarlsberg, 45 % F.i.Tr.	30	105	0,0	0,0		rot
Jerome, 45 % F.i.Tr.	30	95	0,0	0,0		rot
Jodiertes Salz	0,5	0	0,0	0,0		rot
Joghurt, 0,3 %	150	57	6,3	0,0	gelb	rot
Joghurt, 1,5 %	150	69	6,2	0,0	gelb	rot
Joghurt, 3,5 %	150	99	6,0	0,0	grün	rot
Joghurt mit Früchten, 0,3 %	150	114	21,3	15,2	gelb	gelb
Joghurt mit Früchten, 1,5 %	150	125	21,2	15,2	gelb	gelb
Joghurt mit früchten, 3,5 %	150	149	21,1	15,2	gelb	rot
Joghurt mit Müsli	150	189	25,8	8,2	gelb	rot
Joghurt mit Vanille und Nuss	150	171	27,3	22,5	gelb	rot
Joghurtdressing	60	71	3,2	0,6	grün	rot
Johannisbeere rot	125	54	9,1	0,5	grün	grün
Johannisbeere schwarz	125	71	12,9	1,5	gelb	grün
Johannisbeere schwarz, Konserve	125	103	21,8	17,1	gelb	grün
Johannisbeere weiß	125	64	11,5	1,0	gelb	grün
Johannisbeere weiß, Konserve	125	98	21,2	16,8	gelb	grün
Johannisbeer-Kaltschale	350	193	42,5	26,9	gelb	grün
Johannisbeerkonfitüre rot	25	68	16,4	15,8	rot	rot
Johannisbeerkonfitüre schwarz	25	69	16,7	15,9	rot	rot
Johannisbeerkuchen, Hefeteig	150	374	55,3	20,8	gelb	gelb

Produktbezeichnung	Portion in g	kcal pro Portion	KH in g pro Portion	Sacc. in g pro Portion	GLYX-Faktor	Sattfaktor
Johannisbeernektar rot	200	134	31,1	28,3	rot	rot
Johannisbeernektar schwarz	200	140	32,3	28,5	rot	rot
Johannisbeersaft rot	200	204	44,7	33,5	rot	rot
Johannisbeersaft schwarz	200	228	49,5	34,6	rot	rot
Johannisbeersauce	60	64	14,4	10,5	rot	grün
Johannisbrotkernmehl	10	6	0,7	0,0	grün	grün
K						
Kabeljau auf Chinagemüse	300	213	3,5	0,4	grün	grün
Kabeljau gegart	180	117	0,0	0,0		rot
Kabeljau paniert	200	330	18,6	0,8	gelb	rot
Kabeljaufilet	150	116	0,0	0,0		rot
Kabeljaufilet gegart	150	135	0,0	0,0		rot
Kaffee (Getränk)	125	3	0,4	0,0		rot
Kaffee Instantpulver	3	10	1,9	0,1		rot
Kaffee mit Kondensmilch	125	8	0,8	0,3		rot
Kaffee mit Kondensmilch und Zucker	125	18	3,1	2,7	rot	rot
Kaffee mit Milch	125	5	0,6	0,0		rot
Kaffee mit Milch und Zucker	125	15	2,9	2,4		rot
Kaffee mit Zucker	125	13	2,8	2,5		rot
Kaffee Zichorienpulver	3	6	1,3	1,1		rot
Kaffeecreme	200	266	31,9	26,6	gelb	gelb
Kaffeeersatzgetränk	125	3	0,6	0,0		rot
Kaffeegebäck, Blätterteig	70	302	27,1	9,8	gelb	rot
Kaffeesahne, 10 %	5	6	0,2	0,0		rot
Kaffeesahne, 15 %	5	8	0,2	0,0		rot
Kaffeesahne, 20 %	5	10	0,2	0,0		rot
Kaffeeweißer	3	16	1,7	0,0	rot	rot
Kaiserreis	200	312	36,4	15,4	gelb	rot
Kaiserschmarrn	250	475	48,3	10,3	gelb	rot
Kakao Trinkschokolade	200	262	41,7	33,1	gelb	rot
Kakaobutter	20	176	0,0	0,0		rot

Produktbezeichnung	Portion in g	kcal pro Portion	KH in g pro Portion	Sacc. in g pro Portion	GLYX-Faktor	Sattfaktor
Kakaogetränkepulver löslich	4	16	3,1	2,9	●○○	○●○
Kakaolikör	20	57	6,4	5,0	●○○	●○○
Kakaopulver, schwach entölt	4	14	0,4	0,3		○○●
Kakaopulver, stark entölt	4	10	0,5	0,0		○○●
Kaki	125	89	20,0	1,2	○●○	○○●
Kaki gegart	125	93	20,9	1,3	○●○	○○●
Kalb, Innereien gegart	125	183	6,9	0,0	○●○	●○○
Kalbfleisch ma., gegart	150	206	0,0	0,0		●○○
Kalbfleischpastete	30	69	2,3	0,0		●○○
Kalbfleischsülze	30	33	0,1	0,0		●○○
Kalbfleischsuppe Trockenprodukt	50	72	0,8	0,1		●○○
Kalbfleischwurst	30	96	0,1	0,0		●○○
Kalbsbraten gegart	125	171	0,0	0,0		●○○
Kalbsbraten Konserve	150	144	2,3	0,1		●○○
Kalbsbries gegart	125	131	0,0	0,0		●○○
Kalbsfilet gebraten	150	293	0,0	0,0		●○○
Kalbsfilet gegart	150	213	0,0	0,0		●○○
Kalbsfrikassee	250	228	6,8	0,4	○●○	●○○
Kalbsfrikassee Konserve	150	161	2,8	0,0		●○○
Kalbsgeschnetzeltes »Züricher Art«	250	325	5,2	0,6	○●○	●○○
Kalbsgulasch gegart	150	228	0,0	0,0		●○○
Kalbshachse gegart	150	228	0,0	0,0		●○○
Kalbsherz gegart	125	138	0,1	0,0		●○○
Kalbskeule mf., gegart	125	180	0,0	0,0		●○○
Kalbsklößchen	50	96	3,8	0,1	○●○	●○○
Kalbskotelett paniert	150	401	25,7	0,8	○●○	●○○
Kalbskotelett in Rahmsauce	200	268	3,3	0,4	○●○	●○○
Kalbskotelett mf., gegart	150	258	0,0	0,0		●○○
Kalbskotelett mit Champignons	200	216	3,3	1,6	○●○	●○○
Kalbskotelett natur	150	276	0,0	0,0		●○○
Kalbsleber gebraten	250	380	12,9	0,0	○●○	●○○
Kalbsleber gegart	125	183	6,9	0,0	○●○	●○○

Produktbezeichnung	Portion in g	kcal pro Portion	KH in g pro Portion	Sacc. in g pro Portion	GLYX-Faktor	Sattfaktor
Kalbsleberwurst	30	95	0,5	0,0		●○○
Kalbslende gegart	125	178	0,0	0,0		●○○
Kalbslendchen mit Sauce	150	260	2,8	0,4		●○○
Kalbsnacken, Kammstück, gegart	125	185	0,0	0,0		●○○
Kalbsniere gegart	125	145	1,5	0,0		●○○
Kalbsragout mit Sauce	250	230	3,0	0,2	○●○	●○○
Kalbsroulade mf., gegart	150	216	0,0	0,0		●○○
Kalbsschnitzel mf., gegart	125	180	0,0	0,0		●○○
Kalbssteak gegart	150	204	0,0	0,0		●○○
»Kalte Ente« (Getränk)	200	202	21,6	15,5	●○○	●○○
Kandierte Früchte	25	66	16,1	10,4	●○○	●○○
Kaninchen mf., gegart	150	282	0,0	0,0		●○○
Kapern	5	21	2,6	0,5		○○●
Kapernsauce	60	52	3,7	0,3	○●○	●○○
Karamellcreme	200	216	33,4	19,8	○●○	●○○
Karamellflammerie	250	368	66,5	46,8	○●○	●○○
Karamellguss	15	51	12,5	12,5	●○○	●○○
Karamellsauce	60	96	14,7	13,2	○●○	●○○
Karausche gegart	180	130	0,0	0,0		●○○
Kardamom	1	3	0,6	0,0		○○●
Karottensalat sauer	50	10	1,6	0,5	○○●	○○●
Karpfen blau	200	234	0,0	0,0		●○○
Karpfen paniert	200	376	19,0	0,8	○●○	●○○
Karpfenfilet	150	174	0,0	0,0		●○○
Kartoffel	200	142	29,6	0,6	○●○	○○●
Kartoffel gegart, geschält	200	138	28,5	0,6	○●○	○○●
Kartoffel gegart, ungeschält	240	137	28,4	0,6	○●○	○○●
Kartoffel Konserve, Abtropfgew.	150	96	19,6	0,4	●○○	○○●
Kartoffel-Lauch-Cremesuppe	350	277	14,7	0,7	○○●	○●○
Kartoffel-Lauch-Speck	400	324	17,1	1,2	○○●	○●○
Kartoffel-Möhren-Eintopf m. Schwein	450	338	32,4	3,9	○○●	○○●
Kartoffel-Spinat-Auflauf	350	319	32,7	4,7	○●○	○●○

Produktbezeichnung	Portion in g	kcal pro Portion	KH in g pro Portion	Sacc. in g pro Portion	GLYX-Faktor	Sattfaktor
Kartoffelauflauf	350	536	33,5	0,7	gelb	rot
Kartoffelbrei	250	198	32,4	0,6	gelb	grün
Kartoffelbreipulver	25	82	17,8	0,4	rot	grün
Kartoffelchips	25	134	10,2	0,2	gelb	rot
Kartoffelflocken Trockenprodukt	30	98	21,3	0,4	rot	grün
Kartoffelgratin	350	375	39,1	0,7	gelb	gelb
Kartoffelklöße (rohe Kartoffeln)	200	158	25,0	0,5	gelb	gelb
Kartoffelklöße (Trockenprodukt)	30	98	22,1	0,4	rot	gelb
Kartoffelklöße, halb und halb	200	188	33,4	0,7	gelb	grün
Kartoffelklöße mit Backobst	250	300	52,1	14,7	gelb	gelb
Kartoffelkroketten	250	340	47,5	1,5	gelb	gelb
Kart.omelette m. Tomaten u. Zwiebeln	550	495	60,1	1,3	gelb	gelb
Kartoffelpuffer	200	306	37,2	0,9	gelb	gelb
Kartoffelpüree	250	270	29,2	0,5	gelb	gelb
Kartoffelpüree Trockenpulver	250	240	27,6	0,6	gelb	gelb
Kartoffelsalat mit Dressing	250	268	26,8	0,7	gelb	gelb
Kartoffelsalat mit grüner Gurke u. Öl	250	198	25,5	0,6	gelb	gelb
Kartoffelsalat mit Mayonnaise	250	253	31,9	0,7	gelb	gelb
Kartoffelstärke	10	34	8,3	0,0	rot	rot
Kartoffelsticks	25	123	11,5	0,2	gelb	rot
Kartoffelsuppe	400	168	25,3	0,6	gelb	gelb
Kartoffelsuppe mit Gemüse	400	228	29,4	1,1	gelb	grün
Kartoffelsuppe m. Speck u. Zwiebeln	400	200	28,1	1,2	gelb	grün
Kartoffelsuppe mit Wurst	400	344	28,4	1,1	grün	gelb
Kartoffelwurst	30	91	1,6	0,0		rot
Käse im Blätterteig	150	531	26,6	0,1	gelb	rot
Käse-Wurst-Salat mit Essigmarinade	150	314	6,0	1,5	gelb	rot
Käse-Cremesuppe mit Schmelzkäse	320	320	8,1	0,4	gelb	rot
Käsefondue	270	683	4,8	0,1	gelb	rot
Käsegebäck, Blätterteig	70	369	24,4	0,1	gelb	rot
Käseklößchen	30	119	4,6	0,0	gelb	rot
Käseknusperchen, Mürbeteig	50	252	16,4	0,2	gelb	rot

Produktbezeichnung	Portion in g	kcal pro Portion	KH in g pro Portion	Sacc. in g pro Portion	GLYX-Faktor	Sattfaktor
Käsekuchen, Mürbeteig	100	276	27,9	10,6	○●○	●○○
Käsenockerln	200	466	29,1	0,1	○●○	●○○
Käsesahnetorte	120	251	37,7	29,1	○●○	●○○
Käsesalat	150	318	7,9	4,3	○●○	●○○
Käseschinkenwurst	30	70	0,1	0,0		●○○
Käsesauce	60	67	3,6	0,0	○●○	●○○
Käsesoufflee	140	416	5,1	0,0	○●○	●○○
Käsespätzle	200	398	31,6	0,2	○●○	●○○
Käsesuppe italienisch	320	218	8,5	0,1	○●○	●○○
Käsetoast	100	298	10,3	0,3	○●○	●○○
Käsetorte, Mürbeteig	120	331	33,5	12,8	○●○	●○○
Käsetorte, Rührteig	100	342	43,5	18,2	○●○	●○○
Kasseler Aufschnitt	30	52	0,3	0,3		●○○
Kasseler im Teigmantel	300	678	30,8	2,2	○●○	●○○
Kasseler Pirogge	350	707	54,5	1,6	○●○	●○○
Katenrauchwurst	30	110	0,1	0,0		●○○
Katfisch gegart	180	90	0,0	0,0		●○○
Katfischfilet	150	132	0,0	0,0		●○○
Katfischfilet gegart	150	155	0,0	0,0		●○○
»Kathrinchen«	50	191	35,0	8,5	○●○	●○○
Kaugummi	3	12	2,9	2,9		●○○
Kaviar echt	5	13	0,2	0,0		●○○
Kaviarersatz	5	5	0,1	0,0		●○○
Kefir, 0,3 %	150	57	6,2	0,0	●○○	●○○
Kefir, 1,5 %	150	75	6,2	0,0	○●○	●○○
Kefir, 3,5 %	150	99	6,0	0,0	○●○	●○○
Kefir mit Früchten, 0,3 %	150	114	21,3	15,2	○●○	○●○
Kefir mit Früchten, 1,5 %	150	129	21,2	15,2	○●○	○●○
Kefir mit Früchten, 3,5 %	150	149	21,1	15,2	○●○	●○○
Kerbel frisch	5	2	0,3	0,1	○○●	○○●
Kerbel getrocknet	1	2	0,3	0,1	○○●	○○●
Kichererbsen frisch	60	161	23,0	1,2	○○●	○○●

Produktbezeichnung	Portion in g	kcal pro Portion	KH in g pro Portion	Sacc. in g pro Portion	GLYX-Faktor	Sattfaktor
Kichererbsen getrocknet	50	163	23,9	0,4	○○●	○○●
Kichererbsen gegart	150	171	24,5	1,2	○○●	○○●
Kichererbsen gekeimt	100	32	1,9	0,2	○○●	○○●
Kichererbsen Konserve, Abtropfgew.	150	101	14,3	0,7	○○●	○○●
Kichererbseneintopf mit Gemüse	450	270	30,7	2,5	○○●	○○●
Kidneybohnen getrocknet	150	377	54,8	1,6	○○●	○○●
Kidneybohnen Konserve, Abtropfgew.	150	95	13,6	0,4	○○●	○○●
Kirschen kandiert	25	66	16,1	10,0	●○○	●○○
Kirschen sauer	120	70	13,2	0,6	○●○	○●○
Kirschen sauer, Konserve	125	110	23,8	16,9	●○○	○●○
Kirschen süß	120	76	16,0	0,2	●○○	○○●
Kirschen süß, Konserve, Abtropfgew.	125	114	25,5	16,9	●○○	○●○
Kirschgrütze	250	188	43,0	25,1	●○○	●○○
Kirschkaltschale	350	354	78,4	38,5	●○○	●○○
Kirschkompott	250	200	44,5	19,0	○●○	○●○
Kirschkonfitüre	25	69	16,8	15,8	●○○	●○○
Kirschmichel	250	495	80,6	25,7	○●○	●○○
Kirschnektar sauer	200	122	27,9	21,2	●○○	●○○
Kirschsaft sauer	200	116	22,7	3,6	●○○	●○○
Kirschstrudel	150	326	51,6	12,3	○●○	●○○
Kirschtorte, Mürbeteig	120	358	41,9	15,1	○●○	●○○
Kirschwasser	20	48	0,0	0,0		●○○
Kiwi	45	27	4,8	0,6	○●○	○○●
Klaffmuschel	100	65	2,6	0,0		●○○
Klaffmuschel gegart	100	66	2,7	0,0		●○○
Klare Brühe mit Eierstich	330	195	3,7	0,7	○○●	●○○
Klare Brühe mit Reis und Gemüse	350	126	13,2	1,3	○●○	○○●
Klarer (Schnaps)	20	37	0,0	0,0		●○○
Klippfisch	150	237	0,0	0,0		●○○
Knäckebrot	10	36	7,3	0,1	●○○	○●○
Knäckebrot mit Ölsamen	10	37	6,9	0,1	●○○	○●○
Knackwurst	100	283	0,3	0,0		●○○

Produktbezeichnung	Portion in g	kcal pro Portion	KH in g pro Portion	Sacc. in g pro Portion	GLYX-Faktor	Satt-faktor
Knoblauch	2	3	0,6	0,1	○○●	○●○
Knoblauch gegart	2	2	0,5	0,1		○●○
Knoblauch-Flüssigwürze	20	21	1,9	0,1		○○●
Knoblauch-Grillsauce	20	24	5,3	4,1	●○○	●○○
Knoblauchbutter	20	114	0,1	0,0		●○○
Knoblauchpulver	1	4	0,7	0,1		○●○
Knoblauchwurst	150	498	0,3	0,0		●○○
Kochbanane	100	123	28,3	0,5	●○○	○●○
Kochbanane gegart	125	160	36,7	0,6	●○○	○●○
Kochkäse, 10 % F.i.Tr.	30	31	1,1	0,0		●○○
Kochkäse, 20 % F.i.Tr	30	37	1,1	0,0		●○○
Kochkäse, 30 % F.i.Tr.	30	50	1,0	0,0		●○○
Kochkäse Magerstufe	30	25	1,2	0,0		●○○
Kochmettwurst	30	87	0,1	0,0		●○○
Kochsalami	100	321	0,2	0,0		●○○
Kochwurst	100	328	1,5	0,1		●○○
Kohlgemüse	150	38	6,2	0,5	○●○	○○●
Kohlrabi	150	38	5,6	1,7	○●○	○○●
Kohlrabi gedünstet, mit Sahne	250	233	10,6	3,4	○○●	○●○
Kohlrabi gegart	150	30	4,1	1,3	○●○	○○●
Kohlrabigemüse mit Sauce	250	93	10,0	2,4	○○●	○○●
Kohlroulade Konserve	250	215	7,4	0,6	○○●	○○●
Kohlroulade mit Hackfüllung	300	240	19,5	0,5	○●○	○●○
Kohlrübe	150	41	7,5	1,0	○●○	○○●
Kohlrübe gegart	150	33	5,6	0,7	○●○	○○●
Kokosfett gehärtet	20	176	0,0	0,0		●○○
Kokosmakronen	25	110	11,2	11,0	○●○	○●○
Kokosmilch	100	24	4,9	4,8	●○○	●○○
Kokosnuss	50	179	2,4	2,3	○○●	○○●
Kokosnussraspeln	10	61	0,6	0,6	○●○	○○●
Kölsch	330	152	13,2	0,0	●○○	●○○
Kommissbrot	40	84	17,7	0,2	●○○	○●○

Produktbezeichnung	Portion in g	kcal pro Portion	KH in g pro Portion	Sacc. in g pro Portion	GLYX-Faktor	Satt-faktor
Kondensmilch, 4 %	15	17	1,6	1,3		🔴⚪⚪
Kondensmilch, 7,5 %	15	20	1,5	1,2		🔴⚪⚪
Kondensmilch, 10 %	15	26	1,9	1,5		🔴⚪⚪
Konfitüre einfach	25	70	17,1	16,2	🔴⚪⚪	🔴⚪⚪
Konfitüre extra	25	65	15,8	14,8	🔴⚪⚪	🔴⚪⚪
Königsberger Klopse m. Kapernsauce	260	361	15,2	2,3	⚪🟡⚪	🔴⚪⚪
Königskuchen	70	244	34,4	10,6	⚪🟡⚪	🔴⚪⚪
Kopfsalat mit Dressing	100	110	1,1	0,4	⚪⚪🟢	⚪🟡⚪
Kopfsalat	50	6	0,5	0,0	⚪⚪🟢	⚪⚪🟢
Koriander	1	3	0,3	0,0	⚪⚪🟢	⚪⚪🟢
Krabben	100	91	0,7	0,0		🔴⚪⚪
Krabben-Cocktail mit Mayonnaise	150	240	7,1	1,7	⚪🟡⚪	🔴⚪⚪
Krabben Konserve, Abtropfgew.	65	47	0,4	0,0		🔴⚪⚪
Kräcker	25	94	18,8	0,1	🔴⚪⚪	⚪🟡⚪
Kraftbrühe	300	159	2,0	0,2		🔴⚪⚪
Kraftbrühe mit pochiertem Ei	330	234	2,2	0,2		🔴⚪⚪
Kraftbrühe mit Flädle	330	244	9,0	0,2	⚪🟡⚪	🔴⚪⚪
Kraftbrühe mit Gemüsewürfeln	350	182	5,4	1,3	⚪⚪🟢	⚪🟡⚪
Kraftbrühe mit Nudeln	330	208	13,1	0,2	⚪🟡⚪	🔴⚪⚪
Krakauer	30	90	0,1	0,0		🔴⚪⚪
Krapfen	200	342	66,5	6,9	🔴⚪⚪	🔴⚪⚪
Kräuterbutter	20	129	0,6	0,3		🔴⚪⚪
Kräuteressig	15	3	0,1	0,0		🔴⚪⚪
Kräuterleberwurst	30	102	0,4	0,0		🔴⚪⚪
Kräutermischung frisch	5	2	0,3	0,0	⚪⚪🟢	⚪⚪🟢
Kräutersalz	0,5	0	0,0	0,0		⚪⚪🟢
Kräutertee	125	1	0,3	0,0		🔴⚪⚪
Kräutertee mit Zucker	125	11	2,7	2,5	⚪🟡⚪	🔴⚪⚪
Krautgulasch mit Sauce	400	280	11,0	0,8	⚪⚪🟢	⚪🟡⚪
Krautroulade mit Tomaten-Reis	300	171	26,1	0,5	⚪🟡⚪	⚪⚪🟢
Krautsalat mit Speck und Zwiebeln	100	93	3,1	0,7	⚪⚪🟢	⚪⚪🟢
Krautspätzle	200	272	34,6	0,7	⚪🟡⚪	⚪⚪🟢

Produktbezeichnung	Portion in g	kcal pro Portion	KH in g pro Portion	Sacc. in g pro Portion	GLYX-Faktor	Satt-faktor
Krebse gegart	100	93	0,8	0,0		🔴
Krebse in Dill	200	270	6,5	0,4	🟡	🔴
Krebssuppe	400	492	10,1	0,4	🟡	🔴
Kresse	150	57	2,7	0,0	🟢	🟢
Kresse gegart	150	62	2,3	0,0	🟢	🟢
Kresse getrocknet	1	3	0,1	0,0	🟢	🟢
Kressetrunk	200	26	1,2	0,0	🟢	🔴
Kreuzkümmel	1	4	0,3	0,1		🟢
Krokant	20	90	16,4	16,2	🟡	🔴
Küchenkräuter frisch	5	3	0,4	0,0	🟢	🟢
Kümmel	1	4	0,4	0,1		🟢
Kümmelstange	70	326	37,2	0,4	🟡	🔴
Kumquat	125	85	18,3	7,5	🟡	🟢
Kumquatkonfitüre	25	70	17,1	16,3	🔴	🔴
Kunsthonig	25	84	20,6	1,4	🔴	🔴
Kunstspeiseeis	75	46	11,2	11,2	🔴	🔴
Kürbis	150	41	6,9	1,1	🟡	🟢
Kürbis gegart	150	41	6,9	1,1	🟡	🟢
Kürbis gesäuert	50	7	1,1	0,2	🟢	🟢
Kürbis Konserve, Abtropfgew.	150	33	5,4	0,9	🟡	🟢
Kürbis-Cremesuppe	350	238	12,8	1,9	🟢	🟡
Kürbisgemüse mit Sahnesauce	250	120	13,0	1,6	🟡	🟡
Kürbiskern	20	112	2,8	0,1	🟢	🟡
Kürbiskernöl	12	105	0,0	0,0		🔴
Kürbiskompott	250	105	22,2	15,8	🔴	🟡
Kürbissuppe	350	53	10,2	1,5	🟡	🟡
Kurkuma	1	4	0,6	0,1		🟡
Kutteln Rind, gegart	125	123	0,0	0,0		🔴
L						
Labskaus Konserve	500	515	35,5	1,2	🟡	🟡
Labskaus mit Roter Bete	350	396	27,6	5,1	🟡	🟡

Produktbezeichnung	Portion in g	kcal pro Portion	KH in g pro Portion	Sacc. in g pro Portion	GLYX-Faktor	Sattfaktor
Lachs	150	197	0,0	0,0		●○○
Lachs gegart	180	144	0,0	0,0		●○○
Lachs geräuchert	75	104	0,0	0,0		●○○
Lachsfilet	150	168	0,0	0,0		●○○
Lachsfilet gegart	150	195	0,0	0,0		●○○
Lachsschinken-Pastete	30	75	0,2	0,1		●○○
Lakritze	25	94	21,5	13,9	●○○	●○○
Lammfilet	150	225	0,0	0,0		●○○
Lammfleischsalami	30	105	0,1	0,0		●○○
Lammkotelett	200	502	0,0	0,0		●○○
Landjäger	150	684	0,6	0,0		●○○
Landmettwurst	30	93	0,1	0,0		●○○
Languste	100	102	1,3	0,0		●○○
Lasagne al forno	350	525	26,6	0,6	○●○	●○○
Lasagne mit Spinat	350	518	34,7	0,5	○○●	○●○
Lauch-Cremesuppe	350	319	19,9	0,3	○○●	●○○
Lauchgemüse gedünstet	250	138	11,1	1,3	○○●	○○●
Lauchgemüse in heller Sauce	250	135	10,7	0,8	○○●	○○●
Lauchsalat mit Dressing	130	88	3,0	0,6	○○●	○○●
Lauchsalat mit Speckmarinade	130	49	3,1	0,6	○○●	○○●
Lauchsuppe	350	294	11,5	0,7	○○●	●○○
Lauchsuppe passiert	350	319	12,6	0,5	○○●	●○○
Lauchzwiebel	30	13	2,6	0,5	○○●	○○●
Laugengebäck	50	170	34,3	0,1	●○○	○●○
Leberkäse	30	81	0,1	0,0		●○○
Leberkäse gebraten	130	369	0,6	0,0		●○○
Leberklößchen	50	70	3,7	0,1	○●○	●○○
Leberknödel Konserve	150	237	15,3	0,4	○●○	●○○
Leberknödelsuppe	350	196	12,0	0,3	○●○	●○○
Leberpastete	30	90	0,3	0,0		●○○
Leberpastete mit Champignons	30	83	0,3	0,0		●○○
Leberpresssack	30	105	0,3	0,0		●○○

Produktbezeichnung	Portion in g	kcal pro Portion	KH in g pro Portion	Sacc. in g pro Portion	GLYX-Faktor	Sattfaktor
Leberspätzle	50	98	12,2	0,1	○●○	●○○
Leberspätzlesuppe mit Fleischbrühe	350	133	5,0	0,0	○●○	●○○
Lebertran	15	132	0,0	0,0		●○○
Leberwurst einfach	30	99	0,2	0,0		●○○
Leberwurst fein	30	98	0,4	0,0		●○○
Leberwurst fettarm	30	81	0,5	0,0		●○○
Leberwurst frisch erhitzt	100	319	1,3	0,1		●○○
Leberwurst grob	30	97	0,4	0,0		●○○
»Leicht und cross«	6	21	4,3	0,0	●○○	○●○
Leinöl	12	105	0,0	0,0		●○○
Leinsamen	20	74	0,0	0,0		○○●
Leinsamen geschrotet	20	76	0,0	0,0		○○●
»Leipziger Allerlei«	250	95	10,3	4,0	○●○	○○●
Leng gegart	180	113	0,0	0,0		●○○
Lengfilet gegart	150	144	0,0	0,0		●○○
Liebesperlen	25	95	23,3	17,2	●○○	●○○
Liebstöckel frisch	5	2	0,3	0,0	○○●	○○●
Liegnitzer	60	224	37,5	19,1	○●○	○●○
Likörwein	50	77	6,0	0,0	●○○	●○○
Limabohne	150	98	18,0	1,1	○○●	○○●
Limabohne gegart	150	98	18,0	1,1	○○●	○○●
Limabohne getrocknet	50	155	28,4	1,7	○○●	○○●
Limabohne getrocknet, gegart	150	120	21,9	1,3	○○●	○○●
Limabohne Konserve, Abtropfgew.	150	81	14,3	0,9	○○●	○○●
Limburger, 20 % F.i.Tr.	30	56	0,0	0,0		●○○
Limburger, 30 % F.i.Tr.	30	66	0,0	0,0		●○○
Limburger, 40 % F.i.Tr.	30	81	0,0	0,0		●○○
Limburger, 45 % F.i.Tr.	30	86	0,0	0,0		●○○
Limburger, 50 % F.i.Tr	30	94	0,0	0,0		●○○
Limburger, 60 % F.i.Tr.	30	112	0,0	0,0		●○○
Limette	125	59	2,4	0,4	○○●	○●○
Limettensaft	200	184	30,6	28,4	●○○	●○○

Produktbezeichnung	Portion in g	kcal pro Portion	KH in g pro Portion	Sacc. in g pro Portion	GLYX-Faktor	Sattfaktor
Limonade kalorienarm	200	6	0,9	0,0		●○○
Limonade koffeinhaltig	200	122	21,7	11,8	●○○	●○○
Limonade mit Fruchtgeschmack	200	84	20,0	0,8	●○○	●○○
Limonade mit Fruchtsaft	200	100	24,0	1,0	●○○	●○○
Limonade mit Kohlensäure	200	84	20,0	0,8	●○○	●○○
Linsen	150	464	74,0	3,7	○○●	○○●
Linsen gegart	150	173	27,6	1,4	○○●	○○●
Linsen gekeimt	100	119	19,1	0,4	○○●	○○●
Linsen Konserve, Abtropfgew.	150	116	18,4	0,9	○○●	○○●
Linseneintopf	450	374	47,1	2,8	○○●	○○●
Linseneintopf mit Blutwurst	450	720	54,1	9,9	○○●	○●○
Linseneintopf mit Speck	450	392	38,3	1,8	○○●	○●○
Linseneintopf mit Würstchen	450	531	45,3	5,2	○○●	○●○
Linsengemüse mit Speck	250	420	33,5	2,8	○○●	○●○
Linsensuppe	400	260	28,1	1,7	○○●	○○●
Linsensuppe m. gepökeltem Schwein	450	279	29,9	2,9	○○●	○○●
Linsensuppe süßsauer	400	248	25,2	1,5	○○●	○●○
Linzer Torte	120	500	52,4	30,3	○●○	●○○
Litchi	125	95	21,3	10,6	○●○	○●○
Litchi Konserve, Abtropfgew.	125	123	28,3	22,7	●○○	○●○
Löffelbiskuit	5	21	3,6	1,7	○●○	●○○
Loganbeere	125	33	4,3	0,3	○○●	○○●
Loganbeere gegart	125	34	4,4	0,3	○●○	○○●
Loganbeere Konserve, Abtropfgew.	125	88	18,3	16,3	○●○	○○●
Loosbrot	45	85	16,9	0,3	○●○	○○●
Lorbeer	1	0	0,1	0,0		○○●
Lotoswurzel	150	119	24,7	0,1	●○○	●○○
Löwenzahn	150	81	13,7	0,0	○●○	○○●
Löwenzahn gegart	150	78	12,0	0,0	○●○	○○●
Löwenzahntrunk	200	36	5,9	0,0	●○○	●○○
Luan-Dressing süßsauer	45	32	6,9	5,6	●○○	●○○
Luzernensprossen	12	4	0,3	0,0	○○●	○○●

Produktbezeichnung	Portion in g	kcal pro Portion	KH in g pro Portion	Sacc. in g pro Portion	GLYX-Faktor	Sattfaktor
M						
Macadamianuss	20	135	0,0	0,0		grün
Macadamianuss geröstet u. gesalzen	20	138	0,0	0,0		gelb
Madeirasauce	60	35	3,6	0,2	grün	gelb
Madeirawein	50	84	5,0	0,0	rot	rot
Magermilchpulver	10	37	5,2	0,0	gelb	rot
Maggi	0,5	1	0,1	0,0		rot
Mais frisch	150	134	23,6	0,8	gelb	grün
Mais frisch, gegart	150	134	23,6	0,8	gelb	grün
Mais gesäuert	50	22	3,8	0,1	gelb	grün
Mais Konserve, Abtropfgew.	150	114	18,9	0,7	gelb	grün
Maisvollkorn, getrocknet	40	132	25,9	0,5	gelb	grün
Maisvollkorn, getrocknet und gegart	150	161	30,4	0,5	gelb	grün
Maisfladenbrot	45	100	20,5	0,4	rot	rot
Maisgrieß	40	138	29,5	0,5	rot	gelb
Maiskeimöl	12	106	0,0	0,0		rot
Maismehl	10	35	7,3	0,1	rot	rot
Maisstärke	20	70	17,2	0,0	rot	rot
Maisvollkornbrot	50	107	20,8	0,3	gelb	grün
Majoran frisch	5	2	0,3	0,1	grün	grün
Majoran getrocknet	1	3	0,4	0,1	grün	grün
Makkaroni mit Tomatensauce	250	345	43,9	1,2	gelb	gelb
Makkaroni mit 4 Käsesorten	250	455	40,4	0,2	gelb	rot
Makkaroniauflauf mit Schinken	350	543	48,9	1,0	gelb	rot
Makrele gegart	180	234	0,0	0,0		rot
Makrele geräuchert	75	144	0,0	0,0		rot
Makrele in Öl, Konserve, Abtropfgew.	60	118	0,0	0,0		rot
Makrele paniert	150	368	13,7	0,6	gelb	rot
Makrelenfilet gegart	150	315	0,0	0,0		rot
Makronen	10	45	4,7	4,7	gelb	gelb
Makronentorte	120	532	54,9	34,8	gelb	rot
Malzbier	330	182	35,8	0,3	rot	rot

Produktbezeichnung	Portion in g	kcal pro Portion	KH in g pro Portion	Sacc. in g pro Portion	GLYX-Faktor	Sattfaktor
Malzkaffee	125	3	0,6	0,0		●○○
Malzkaffee trocken	3	9	1,9	0,0		○○●
Malzzucker	5	20	5,0	0,0	●○○	●○○
Mandarinen	40	20	4,0	2,8	○●○	○○●
Mandarinen Konserve, Abtropfgew.	125	104	23,1	21,2	●○○	○●○
Mandarinennektar	200	128	29,5	27,0	●○○	●○○
Mandarinensaft	200	94	19,0	14,1	●○○	●○○
Mandeln	20	114	0,7	0,7	○○●	○○●
Mandeln dragiert	25	134	5,7	5,7	○○●	○○●
Mandeln geröstet	20	117	1,4	1,4	○○●	○○●
Mandeln geröstet und gesalzen	20	115	1,4	1,4	○○●	○○●
Mandelbrot, Hefeteig	100	377	45,0	7,3	○●○	●○○
Mandelgebäck, Mürbeteig	50	252	26,0	12,0	○●○	●○○
Mandelhörnchen	50	176	17,1	8,1	○●○	●○○
Mandellikör	20	64	5,7	5,5	●○○	●○○
Mandelmakronen	25	115	8,6	8,5	○○●	○●○
Mandelmehl	10	60	0,4	0,4	○○●	○●○
Mandelmus	20	119	0,8	0,8	○○●	○●○
Mandelmus gesalzen	20	117	1,0	1,0	○○●	○●○
Mandelöl	12	106	0,0	0,0		●○○
Mandelsandtorte	120	521	44,6	25,0	○●○	●○○
Mandelsauce	60	69	6,5	3,1	○●○	●○○
Mandeltorte, Mürbeteig	100	460	33,6	14,4	○●○	●○○
Mango	125	75	16,0	11,5	○●○	○○●
Mango-Chutney	20	28	6,5	5,3	●○○	●○○
Mango gegart	125	79	16,7	12,0	○●○	○○●
Mango Konserve, Abtropfgew.	125	111	25,1	22,7	●○○	○●○
Mangold	150	38	4,4	0,4	○○●	○○●
Mangold gegart	150	39	3,8	0,4	○○●	○○●
Mangold Konserve, Abtropfgew.	150	33	3,4	0,3	○○●	○○●
Mangonektar	200	124	29,1	26,8	●○○	●○○
Mangosaft	200	120	26,2	19,5	●○○	●○○

Produktbezeichnung	Portion in g	kcal pro Portion	KH in g pro Portion	Sacc. in g pro Portion	GLYX-Faktor	Sattfaktor
Maniok	200	274	64,1	0,3	rot	gelb
Maraschino-Likör	20	64	5,7	5,5	rot	rot
Margarine aus Sojaöl	20	144	0,2	0,0		rot
Margarine halbfett	20	72	0,1	0,0		rot
Margarine pflanzlich	20	142	0,1	0,0		rot
Markerbsen	150	123	18,5	7,4	gelb	grün
Markklößchen	50	210	11,5	0,7	gelb	rot
Markklößchen Konserve	50	205	10,9	0,6	gelb	rot
Marmelade	25	70	17,1	16,2	rot	rot
Marmelade, Beeren mit Fruchtzucker	25	25	6,8	0,1	gelb	gelb
Marmelade mit Süßstoff	25	17	4,5	0,0	grün	grün
Marmelade, Steinobst m. Fruchtz.	25	27	7,4	0,0	grün	rot
Marmelade, Zitrus mit Fruchtzucker	25	27	7,3	0,3	grün	rot
Marmorkuchen	70	274	30,0	15,7	gelb	rot
Maronencreme süß	25	67	15,4	11,6	rot	gelb
Marseiller Fischsuppe, Konserve	250	163	3,2	0,1	gelb	rot
Marshmallow	5	17	4,0	4,0	rot	rot
Marzipan	15	69	10,3	10,3	gelb	gelb
Marzipan, Plundergebäck	70	263	27,5	12,0	gelb	rot
Marzipan Rohmasse	15	77	5,6	5,6	grün	gelb
Marzipanmonde	50	236	19,1	17,6	grün	gelb
Marzipanstollen	100	389	47,3	17,5	gelb	gelb
Mate-Tee	125	0	0,0	0,0		rot
Matjeshering gesalzen	75	212	0,0	0,0		rot
Matjeshering »Hausfrauen Art«	250	485	6,4	1,3	gelb	rot
Matjeshering in Öl, Konserve	60	147	0,0	0,0		rot
Matjeshering mit Zwiebeln	250	635	1,4	0,3		rot
Maulbeeren	125	55	10,1	0,0	gelb	grün
Maulbeeren Konserve, Abtropfgew.	125	100	21,7	16,5	rot	gelb
Maultaschen m. Röstzwiebeln	250	383	37,1	0,5	gelb	rot
Mayonnaise, 80 %	15	111	0,3	0,0		rot
Mayonnaise leicht	15	55	0,7	0,4		rot

Produktbezeichnung	Portion in g	kcal pro Portion	KH in g pro Portion	Sacc. in g pro Portion	GLYX-Faktor	Sattfaktor
Mayonnaise Salatdressing	15	59	1,1	0,0		🔴⚪⚪
Meeresfrüchte-Cocktail	150	194	3,1	0,1	⚪🟡⚪	🔴⚪⚪
Meerrettich frisch	10	6	1,2	0,4	⚪⚪🟢	⚪⚪🟢
Meerrettich gegart	10	5	0,9	0,3	⚪⚪🟢	⚪⚪🟢
Meerrettich-Sahnesauce	60	83	5,4	1,8	⚪⚪🟢	⚪⚪🟢
Meerrettichbutter	20	103	0,9	0,3		🔴⚪⚪
Meerrettichsauce	60	62	5,5	0,5	⚪🟡⚪	🔴⚪⚪
Meersalz	0,5	0	0,0	0,0		🔴⚪⚪
Mehlkloß	200	280	47,8	0,3	⚪🟡⚪	🔴⚪⚪
Mehlkloß mit Backobst	250	410	66,2	25,0	⚪🟡⚪	⚪🟡⚪
Mehrfruchtnektar mit Süßstoff	200	62	11,5	5,6	🔴⚪⚪	🔴⚪⚪
Mehrkornbrot	45	99	20,6	0,3	🔴⚪⚪	⚪🟡⚪
Mehrkornbrot Vollkorn	50	101	20,0	0,3	⚪🟡⚪	⚪⚪🟢
Mehrkornflocken	40	123	25,0	0,4	🔴⚪⚪	⚪⚪🟢
Mehrkornflocken, geröstet u. gesüßt	40	126	25,8	0,4	🔴⚪⚪	⚪⚪🟢
Mehrkornschrot	40	124	24,9	0,3	⚪🟡⚪	⚪⚪🟢
Melassesirup dunkel	25	70	16,8	12,3	🔴⚪⚪	🔴⚪⚪
Melde	150	38	4,5	0,5	⚪🟡⚪	⚪⚪🟢
Melde gegart	150	39	3,9	0,4	⚪🟡⚪	⚪⚪🟢
Melisse	1	3	0,5	0,1	⚪⚪🟢	⚪⚪🟢
Mettwurst gekocht	30	101	0,1	0,0		🔴⚪⚪
Mettwurst grob	30	93	0,1	0,0		🔴⚪⚪
Mettwurst luftgetrocknet	30	101	0,1	0,0		🔴⚪⚪
Mettwurst schnittfest	30	110	0,0	0,0		🔴⚪⚪
Mettwurst streichfähig	30	109	0,1	0,0		🔴⚪⚪
Miesmuschel gegart	100	69	3,9	0,0		🔴⚪⚪
Miesmuscheln Konserve, Abtropfgew.	65	43	2,4	0,0		🔴⚪⚪
Miesmuscheln in Öl, Konserve	60	79	2,0	0,0		🔴⚪⚪
Milch, 0,3 %	200	72	10,0	0,0	⚪🟡⚪	🔴⚪⚪
Milch, 1,5 %	200	96	9,8	0,0	⚪🟡⚪	🔴⚪⚪
Milch, 3,5 %	200	128	9,5	0,0	⚪🟡⚪	🔴⚪⚪
Milchpulver teilentrahmt	10	43	4,4	0,0	⚪🟡⚪	🔴⚪⚪

Produktbezeichnung	Portion in g	kcal pro Portion	KH in g pro Portion	Sacc. in g pro Portion	GLYX-Faktor	Sattfaktor
Milchreis mit Beeren	250	240	40,0	0,7	🟡	🟢
Milchreis mit Früchten	250	338	64,9	27,5	🔴	🔴
Milchreis mit Zucker und Zimt	250	325	52,1	4,0	🟡	🔴
Milchspeiseeis	75	64	9,9	7,4	🟡	🔴
Milchsuppe	320	291	34,5	11,6	🟡	🔴
Milchsuppe mit Mehl	350	417	55,5	24,1	🟡	🔴
Milchzucker	5	20	5,0	0,0	🟡	🔴
Mineralwasser mit Kohlensäure	200	0	0,0	0,0		🔴
Mineralwasser still	200	0	0,0	0,0		🔴
Minestrone	400	304	30,0	1,6	🟡	🟢
Mirabellen	125	80	17,5	5,8	🟡	🟡
Mirabellen gegart	125	84	18,3	6,0	🟡	🟡
Mirabellen Konserve, Abtropfgew.	125	114	26,0	19,8	🔴	🟡
Mirabellenkompott	250	155	35,4	20,3	🔴	🟡
Mirabellenkonfitüre	25	70	17,0	16,2	🔴	🔴
Mirabellennektar	200	120	28,5	23,3	🔴	🔴
Mirabellensaft	200	128	28,3	11,2	🔴	🔴
Mischgemüse gedünstet	250	133	17,2	5,9	🟡	🟢
Mischgemüse in Rahmsauce	250	168	15,2	3,2	🟢	🟢
Miso	20	23	0,9	0,9		🟢
Mispel	25	12	2,7	0,3	🟢	🟢
Mohn	10	47	0,4	0,0		🟢
Mohn geschrotet	10	48	0,4	0,0		🟢
Mohn-Apfel-Torte, Mürbeteig	120	344	36,3	19,8	🟡	🟡
Mohn-Gittertorte, Quarkölteig	80	278	29,3	13,2	🟡	🟡
Mohnhörnchen	50	166	23,9	5,5	🟡	🟡
Mohnrolle	100	374	41,8	21,9	🟡	🟡
Mohnstollen	100	321	37,7	16,1	🟡	🟡
Möhren	150	32	5,9	2,1	🟡	🟢
Möhren gegart	150	32	5,4	1,9	🟡	🟢
Möhren gesäuert	50	7	1,2	0,4	🟡	🟢
Möhren Konserve, Abtropfgew.	150	32	5,6	2,0	🟡	🟢

Produktbezeichnung	Portion in g	kcal pro Portion	KH in g pro Portion	Sacc. in g pro Portion	GLYX-Faktor	Sattfaktor
Möhren in Butter geschwenkt	250	160	14,0	7,5	grün	grün
Möhrengemüse gedünstet	250	103	10,3	3,5	grün	grün
Möhrengemüse in heller Sauce	250	128	13,6	2,6	grün	grün
Möhren-Nuss-Torte, Biskuit	100	317	35,2	28,3	gelb	rot
Möhrenrohkost mit Öl	130	69	6,2	2,4	grün	grün
Möhrensaft	200	44	8,0	2,8	gelb	gelb
Möhrensalat gegart, mit Öl	150	117	6,7	2,6	grün	grün
Möhrensuppe	350	238	11,0	2,2	grün	gelb
Möhrensuppe passiert	350	109	10,4	1,0	grün	grün
Mokkacreme	200	380	34,6	21,5	gelb	rot
Mokkacremetorte	100	347	43,2	30,3	gelb	rot
Mokkasahnetorte	100	306	27,5	15,0	gelb	rot
Mokkaspeise	250	335	56,3	30,5	gelb	rot
Molke	200	50	9,4	0,0	gelb	rot
Molke mit Früchten	200	130	29,2	20,3	gelb	gelb
Molkepulver	10	35	6,8	0,0	gelb	rot
Moosbeere	125	45	4,9	0,3	grün	grün
Morcheln frisch	100	11	0,5	0,0	grün	grün
Morcheln getrocknet	25	25	1,1	0,0	grün	grün
Morcheln Konserve, Abtropfgew.	100	11	0,4	0,0	grün	grün
Mortadella fettarm	30	52	0,1	0,0		rot
Mortadella i.D.	30	92	0,1	0,0		rot
Most (Apfelwein)	130	56	1,3	0,0		rot
Mousse au chocolat	200	414	38,2	33,7	gelb	rot
Mozzarella	125	319	0,0	0,0		rot
Muffins	60	130	23,2	0,1	rot	rot
Muffins mit Heidelbeeren	60	169	23,7	5,9	gelb	rot
Muffins mit Schokolade	60	172	22,4	11,3	gelb	grün
Multivitaminnektar mit Süßstoff	200	64	12,6	5,3	rot	rot
Mungobohnen frisch	150	410	61,9	1,9	gelb	grün
Mungobohnensprossen	100	24	1,8	0,3	grün	grün
Münster, 30 % F.i.Tr.	30	72	0,0	0,0		rot

Produktbezeichnung	Portion in g	kcal pro Portion	KH in g pro Portion	Sacc. in g pro Portion	GLYX-Faktor	Sattfaktor
Münster, 45 % F.i.Tr.	30	88	0,0	0,0		🔴⚪⚪
Münster, 50 % F.i.Tr.	30	94	0,0	0,0		🔴⚪⚪
Mürbeteig	100	479	53,1	17,6	⚪🟡⚪	🔴⚪⚪
Musaka	300	417	17,4	1,1	⚪🟡⚪	🔴⚪⚪
Muscheln in Tomatensauce	200	234	7,4	0,2	⚪🟡⚪	🔴⚪⚪
Muscheln in Weißweinsud	200	118	7,3	0,2	⚪🟡⚪	🔴⚪⚪
Muskatnuss	1	5	0,5	0,2	⚪⚪🟢	🔴⚪⚪
Müsli	40	140	24,0	1,3	⚪🟡⚪	⚪⚪🟢
Müsli mit Milch, Zucker und Obst	150	189	34,9	4,9	⚪🟡⚪	⚪🟡⚪
Müslikeks Vollkorn	20	88	9,8	0,4	⚪🟡⚪	⚪🟡⚪
Müsliriegel	25	94	11,0	5,7	⚪🟡⚪	⚪🟡⚪
Mutzen rheinisch	50	147	27,0	7,1	🔴⚪⚪	🔴⚪⚪
N						
Nährhefe	5	4	0,1	0,0		⚪⚪🟢
Napfkuchen, Hefeteig	100	349	42,5	11,9	⚪🟡⚪	🔴⚪⚪
Napfkuchen mit Rosinen	70	253	33,1	11,0	⚪🟡⚪	🔴⚪⚪
Nasi Goreng	550	803	93,2	0,7	⚪🟡⚪	🔴⚪⚪
Natriumglutamat	0,5	2	0,0	0,0		🔴⚪⚪
Natto	20	35	0,4	0,3		⚪⚪🟢
Natursauer getrock.	1	3	0,7	0,0		⚪⚪🟢
Nektarine	115	66	14,3	10,0	⚪⚪🟢	⚪⚪🟢
Nektarine gegart	115	68	14,9	10,4	⚪🟡⚪	⚪⚪🟢
Nekatrine Konserve, Abtropfgew.	125	108	24,8	22,4	⚪🟡⚪	⚪⚪🟢
Nektarinenkonfitüre	25	69	16,9	16,6	🔴⚪⚪	🔴⚪⚪
Nektarinennektar	200	134	31,5	28,4	🔴⚪⚪	🔴⚪⚪
Nizza-Salat mit Thunfisch	200	180	8,0	0,5	⚪⚪🟢	⚪🟡⚪
Nougat	25	119	16,3	15,9	⚪🟡⚪	🔴⚪⚪
Nougat Rohmasse	25	128	11,6	11,0	⚪🟡⚪	⚪🟡⚪
Nougatcreme	25	104	18,5	17,1	⚪🟡⚪	⚪🟡⚪
Nudelauflauf mit Käse	350	665	42,4	0,2	⚪🟡⚪	🔴⚪⚪
Nudelauflauf mit Käse überbacken	350	536	70,1	0,7	⚪🟡⚪	🔴⚪⚪

Produktbezeichnung	Portion in g	kcal pro Portion	KH in g pro Portion	Sacc. in g pro Portion	GLYX-Faktor	Sattfaktor
Nudeleintopf mit Huhn und Gemüse	400	384	27,8	1,0	○●○	●○○
Nudeln eifrei, gegart	125	188	37,9	0,2	●○○	○●○
Nudeln mit Ei, gegart	125	158	30,5	0,1	●○○	○●○
Nudeln grün mit Gorgonzolasauce	250	350	36,9	0,2	○●○	●○○
Nudeln selbst gemacht	200	276	46,0	0,2	○●○	●○○
Nudeln mit Ei, selbst gemacht	200	308	45,5	0,2	○●○	●○○
Nudelsalat mit Mayonnaise	350	553	41,8	0,6	○●○	●○○
Nudelsuppe	330	145	15,9	0,1	○●○	●○○
Nudelsuppe mit Huhn	350	294	7,6	0,0	○●○	●○○
Nürnberger Lebkuchen	40	160	24,6	10,4	○●○	●○○
Nüsse	20	112	1,7	0,7		○●○
Nussnougat-Creme	25	130	14,9	14,4	○●○	●○○
Nussnougat-Törtchen	60	175	13,1	7,0	○●○	●○○
Nussecken, Mürbeteig	50	270	23,9	16,0	○●○	●○○
Nusshörnchen	50	195	19,9	7,3	○●○	●○○
Nusskuchen	50	228	17,3	9,7	○●○	●○○
Nusskuchen, Fertigteigmischung	60	311	29,6	0,1	○●○	●○○
Nusskuchen, Rührteig	70	319	24,3	13,6	○●○	●○○
Nussmus	20	130	2,2	1,3	○○●	●○○
Nussmus gesalzen	20	127	2,4	1,5	○○●	●○○
Nussplätzchen	50	233	23,7	11,2	○●○	●○○
Nussprinten	20	93	12,0	5,3	○●○	○●○
Nusspudding	250	895	59,8	44,2	○●○	●○○
Nusssahnetorte	120	415	32,0	16,3	○●○	●○○
Nussstangen	50	262	25,7	15,8	○●○	●○○
Nusstaler	50	258	26,7	11,1	○●○	●○○
O						
Obstessig	15	3	0,1	0,0		●○○
Obstkuchen, Rührteig	150	321	42,6	18,9	○●○	●○○
Obstkuchen, Fertigteigmischung	60	311	29,6	0,1	○●○	●○○
Obstkuchen, Hefeteig	150	216	37,5	6,9	○●○	○●○

Produktbezeichnung	Portion in g	kcal pro Portion	KH in g pro Portion	Sacc. in g pro Portion	GLYX-Faktor	Sattfaktor
Obstkuchen m. Kernobst, Mürbeteig	150	321	42,6	18,9	gelb	rot
Obstkuchen m. Steinobst, Mürbeteig	150	419	42,7	16,7	gelb	rot
Obstmichel mit gemischtem Obst	250	435	60,5	26,1	gelb	rot
Obstmischung getrocknet	25	72	16,5	9,7	gelb	grün
Obstmischung Konserve, Abtropfgew.	125	134	31,9	28,5	rot	rot
Obstmischung-Konfitüre	25	69	16,7	16,1	rot	rot
Obstmischung TK	125	111	25,4	15,0	gelb	grün
Obstnektar	200	144	32,6	25,3	rot	rot
Obstpie, Mürbeteig	150	636	73,1	21,0	gelb	rot
Obstsalat	150	131	29,2	17,1	gelb	grün
Obsttörtchen, Mürbeteig	100	198	24,5	10,8	gelb	rot
Obsttorte, Biskuit	100	157	30,6	16,7	rot	gelb
Obsttorte, Mürbeteig	120	238	29,4	13,0	gelb	rot
Obsttorte, Rührteig	120	251	33,8	13,4	gelb	rot
Obstwein	130	86	9,5	0,0	rot	rot
Ochsenschwanz gegart	150	332	0,0	0,0		rot
Ochsenschwanzsuppe gebunden	350	133	4,5	1,7	gelb	rot
Ochsenschwanzsuppe klar	350	126	2,9	0,6		gelb
Ochsenschwanzsuppe, Trockenpr.	50	63	0,9	0,2		rot
Okra	150	30	3,3	0,8	grün	grün
Okra gegart	150	30	3,3	0,8	gelb	grün
Okra Konserve, Abtropfgew.	150	26	2,6	0,6	grün	grün
Oliven grün, frisch	20	26	0,6	0,0	grün	grün
Oliven grün, gesäuert	20	29	0,4	0,0	grün	gelb
Oliven schwarz, frisch	20	69	1,0	0,0	grün	gelb
Oliven schwarz, gesäuert	20	71	1,0	0,0	grün	gelb
Olivenöl	12	106	0,0	0,0		rot
Olivenpastete	30	83	0,2	0,0	grün	rot
Omelett	140	273	1,1	0,0		rot
Omelett mit Champignons	200	322	3,8	0,0	grün	rot
Omelett mit Kartoffeln und Schinken	150	195	17,9	0,5	gelb	gelb
Omelett mit Pilzen und Kräutern	300	414	2,0	0,0	grün	gelb

Produktbezeichnung	Portion in g	kcal pro Portion	KH in g pro Portion	Sacc. in g pro Portion	GLYX-Faktor	Satt-faktor
Orange	150	71	13,8	5,7	🟡	🟢
Orangeat	5	15	3,7	3,3	🔴	🔴
Orangencreme	150	155	28,5	22,3	🔴	🔴
Orangenessenz	1	0	0,0	0,0		🔴
Orangenflammeri	250	348	61,7	38,9	🟡	🔴
Orangenkonfitüre	25	68	16,6	16,1	🔴	🔴
Orangenlimonade	200	58	14,0	0,6	🔴	🔴
Orangennektar	200	126	28,8	24,3	🔴	🔴
Orangennektar mit Süßstoff	200	44	8,7	4,3	🔴	🔴
Orangenplätzchen	50	189	40,0	22,9	🔴	🔴
Orangensaft	200	90	17,6	8,7	🔴	🔴
Orangenschale	5	6	1,3	0,4		🔴
Orangensorbet	75	104	24,1	23,0	🔴	🔴
Oregano frisch	5	3	0,5	0,1	🟢	🟢
Oregano getrocknet	1	3	0,5	0,1	🟢	🟢
Ovomaltine	4	15	3,1	2,8	🔴	🟡
P						
Paella	550	946	70,7	1,7	🟡	🔴
Pakchoy	150	21	1,8	0,4		🟢
Palatschinken	150	347	48,8	23,4	🟡	🔴
Palmenherzen frisch	150	54	9,0	1,8	🟡	🟢
Palmenherzen frisch, gegart	150	47	7,1	1,4	🟡	🟢
Palmenherzen Konserve, Abtropfgew.	150	45	7,1	1,4	🟡	🟢
Palmfett/Palmöl	20	174	0,0	0,0		🔴
Pampelmuse	125	58	11,8	4,7	🟡	🟡
Pampelmusennektar	200	124	28,8	24,2	🔴	🔴
Pampelmusensaft	200	86	17,8	8,5	🔴	🔴
Paniermehl	8	29	5,9	0,4	🔴	🟡
Papaya	80	10	1,9	0,8	🟢	🟢
Papaya gegart	125	18	3,2	1,4	🟡	🟢
Papaya getrocknet	25	47	8,7	3,7	🟡	🟢

Produktbezeichnung	Portion in g	kcal pro Portion	KH in g pro Portion	Sacc. in g pro Portion	GLYX-Faktor	Sattfaktor
Papaya Konserve	125	75	17,6	16,8	gelb	grün
Papayanektar	200	90	21,7	21,1	rot	rot
Paprikapulver edelsüß	1	3	0,3	0,0		grün
Paprikabutter	20	145	0,3	0,0		rot
Paprikahuhn mit Sauce	250	413	3,1	0,2	gelb	rot
Paprikaschote	150	30	4,4	0,2	gelb	grün
Paprikaschote gegart	150	30	4,4	0,2	gelb	grün
Paprikaschote gesäuert	50	6	0,7	0,0	grün	grün
Paprikaschote Konserve, Abtropfgew.	150	26	3,4	0,1	gelb	grün
Paprikaschote, mit Hack gefüllt	300	231	20,2	0,3	gelb	gelb
Paranüsse	20	132	0,7	0,3	grün	gelb
Parmesan, 30 % F.i.Tr	30	107	0,0	0,0		rot
Parmesan, 40 % F.i.Tr.	30	122	0,0	0,0		rot
Parmesan, 45 % F.i.Tr.	30	132	0,0	0,0		rot
Passionsfrucht	125	100	16,8	5,4	gelb	gelb
Passionsfrucht Konserve	125	133	25,7	19,7	gelb	gelb
Passionsfruchtnektar	200	120	26,8	22,6	rot	rot
Pastinake	150	33	4,4	2,5	gelb	grün
Pastinake gegart	150	26	3,0	1,7	gelb	grün
Pecannuss	20	138	0,9	0,4	grün	gelb
Pecannuss geröstet	20	143	2,9	1,3	grün	rot
Perlgraupeneintopf	400	324	39,1	1,6	gelb	gelb
Perlhuhn mit Haut	150	219	0,0	0,0		rot
Perlzwiebel frisch	15	11	2,5	0,5	grün	grün
Perlzwiebeln gesäuert	50	19	3,9	0,8	gelb	grün
Perlzwiebeln Konserve, Abtropfgew.	50	31	6,6	1,3	gelb	grün
Persipan	15	69	11,6	11,1	gelb	rot
Persipan Rohmasse	15	80	6,5	5,3	gelb	rot
Petersilie frisch	5	3	0,4	0,0	grün	grün
Petersilie getrocknet	1	3	0,4	0,0	grün	grün
Petersilienkartoffeln	250	170	35,1	0,7	gelb	grün
Pfälzer Saumagen	30	47	2,1	0,1		rot

Produktbezeichnung	Portion in g	kcal pro Portion	KH in g pro Portion	Sacc. in g pro Portion	GLYX-Faktor	Sattfaktor
Pfannkuchen	250	428	56,4	0,2	○●○	●○○
Pfannkuchen mit Blattspinat	250	360	13,3	0,3	○●○	●○○
Pfannkuchen mit Heidelbeeren	250	383	46,5	0,3	○●○	○●○
Pfannkuchen mit Konfitüre	250	455	45,3	14,5	○●○	●○○
Pfannkuchen mit Quark	250	543	62,0	9,8	○●○	●○○
Pfeffer schwarz	1	3	0,5	0,0		○○●
Pfeffer weiß	1	3	0,6	0,0		○●○
Pfefferkuchen	50	190	33,2	10,7	○●○	●○○
Pfefferminzbonbon	5	20	4,9	4,9	●○○	●○○
Pfefferminze	1	0	0,1	0,0	○○●	○○●
Pfefferminztee	125	1	0,3	0,0	○○●	●○○
Pfeffernüsse	24	95	18,9	5,1	●○○	●○○
Pfefferschote	2	1	0,1	0,0	○○●	○○●
Pfeffersteak mit Sauce	250	373	1,2	0,1		●○○
Pferdefleisch i.D., gegart	150	231	0,9	0,0		●○○
Pfifferlinge	100	11	0,2	0,0	○○●	○○●
Pfifferlinge gedünstet	200	118	9,4	0,2	○○●	○○●
Pfirsich	115	47	10,2	6,6	○●○	○○●
Pfirsich Konserve, Abtropfgew.	125	95	22,2	20,2	○●○	○○●
Pfirsichkompott	250	135	31,4	25,6	○●○	○○●
Pfirsichkonfitüre	25	68	16,6	16,3	●○○	●○○
Pfirsichnektar	200	120	28,6	25,9	●○○	●○○
Pfirsichsaft	200	86	19,1	13,3	●○○	●○○
Pfitzauf	250	468	51,5	2,6	○●○	●○○
Pflaume	125	59	12,8	4,2	○●○	○○●
Pflaume getrocknet	25	65	14,1	4,7	○●○	○○●
Pflaume Konserve, Abtropfgew.	125	101	23,2	18,8	●○○	○●○
Pflaumenkompott	250	148	33,8	21,3	●○○	○●○
Pflaumenkonfitüre	25	68	16,7	16,1	●○○	●○○
Pflaumenmus	25	49	12,0	7,9	●○○	○●○
Pflaumensaft	200	98	21,4	8,9	●○○	●○○
Pflaumenstreuselkuchen	150	318	31,0	3,7	○●○	●○○

Produktbezeichnung	Portion in g	kcal pro Portion	KH in g pro Portion	Sacc. in g pro Portion	GLYX-Faktor	Satt-faktor
Pichelsteiner	450	279	34,2	2,5	○●○	○○●
Pichelsteiner Konserve	150	111	3,4	0,3	○●○	○●○
Pickles süßsauer	50	18	3,0	0,4	○●○	○○●
Pilaw	250	605	81,3	0,5	○●○	●○○
Pilgermuschel gegart	180	63	1,9	0,0		●○○
Pilsbier hell	330	139	10,3	0,0	●○○	●○○
Pilze chinesisch, getrocknet	25	59	17,3	0,5	○○●	○○●
Pilzragout überbacken	250	403	3,7	0,6	○●○	●○○
Pilzsauce dunkel	60	35	3,6	0,2	○○●	○●○
Pilzsauce hell	60	47	3,6	0,1	○●○	●○○
Pilzsuppe	320	118	7,9	0,1	○○●	○○●
Piment	1	3	0,5	0,0		○○●
Pimpinelle frisch	5	2	0,3	0,0	○○●	○○●
Pinienkern	20	115	1,5	0,0	○○●	○●○
Pistazien	20	115	2,3	0,5	○○●	○●○
Pistazien geröstet	20	125	3,2	0,6	○○●	●○○
Pistazien, geröstet und gesalzen	20	123	3,1	0,6	○○●	●○○
Pizza al formaggio	250	710	68,9	0,3	○●○	●○○
Pizza al funghi	250	520	65,4	0,8	○●○	○●○
Pizza frutti di mare	250	420	61,5	0,7	○●○	●○○
Pizza margherita	250	645	109,9	0,5	○●○	○●○
Pizza napolitana	250	618	67,5	0,5	○●○	●○○
Pizza quattro stagioni	250	540	85,2	0,6	○●○	○●○
Pizza salami	250	660	65,7	1,1	○●○	●○○
Pizza siciliana	250	428	35,5	0,3	○●○	●○○
Pizza tonno	250	503	54,8	0,9	○●○	●○○
Plätzchen gefüllt	50	198	22,9	13,1	○●○	●○○
Plätzchen Mürbeteig	50	245	28,4	12,0	○●○	●○○
Plätzchen Rührteig	50	158	26,3	14,0	○●○	●○○
Plockwurst	30	130	0,1	0,0		●○○
Plumpudding	250	660	80,6	20,9	○●○	●○○
Plunder-Kranz	100	393	40,5	13,6	○●○	●○○

Produktbezeichnung	Portion in g	kcal pro Portion	KH in g pro Portion	Sacc. in g pro Portion	GLYX-Faktor	Sattfaktor
Pökelfleisch	30	41	0,3	0,3		●○○
Polenta	250	348	26,9	0,5	○●○	●○○
Pommes frites roh	150	107	22,2	0,4	○●○	○○●
Pommes frites frittiert	150	186	24,9	0,5	○●○	○●○
Pommes frites mit Mayonnaise	150	278	18,7	0,4	○●○	●○○
Pommes frites mit Ketchup	150	159	22,9	0,5	○●○	○●○
Porree	150	39	4,8	0,8	○○●	○○●
Porree gegart	150	35	3,8	0,6	○○●	○○●
Portulak	150	41	6,4	1,3	○●○	○○●
Portulak gegart	150	35	5,0	1,0	○○●	○○●
Portulak gesäuert	50	7	1,0	0,2	○○●	○○●
Portulak Konserve, Abtropfgew.	150	33	5,0	1,0	○○●	○○●
Portwein	50	77	6,0	0,0	●○○	●○○
Pottasche	1	2	0,4	0,0		●○○
Poularde	150	360	0,0	0,0		●○○
Praline alkoholfrei	12	49	10,2	8,2	●○○	●○○
Praline mit Alkohol	12	46	8,2	8,2	●○○	●○○
Praline mit Fruchtcreme	12	42	8,5	8,3	●○○	●○○
Praline mit Marzipan	12	60	5,1	5,1	○○●	○●○
Praline mit Nüssen	12	55	8,4	8,3	○●○	●○○
Praline mit Trüffeln	12	62	6,4	6,4	○●○	○●○
Preiselbeeren	125	49	8,9	0,2	○●○	○○●
Preiselbeeren gegart	125	51	9,3	0,2	○●○	○○●
Preiselbeeren Konserve, Abtropfgew.	125	95	20,9	16,5	●○○	○○●
Preiselbeerkompott	250	308	71,8	61,2	●○○	○●○
Preiselbeerkonfitüre	25	68	16,4	15,8	●○○	●○○
Preiselbeersaft	200	82	15,9	3,1	●○○	●○○
Preiselbeersauce	60	35	8,5	6,8	●○○	●○○
Presssäckel	30	86	0,1	0,0		●○○
Printen	20	93	12,0	5,3	○●○	○●○
Prinzregententorte	100	386	34,5	20,9	○●○	●○○
Provolone, 45 % F.i.Tr.	30	102	0,0	0,0		●○○

Produktbezeichnung	Portion in g	kcal pro Portion	KH in g pro Portion	Sacc. in g pro Portion	GLYX-Faktor	Satt-faktor
Puddingpulver i.D.	3	11	2,8	0,0	●○○	●○○
Puffreis	50	195	41,8	0,0	●○○	●○○
Puffreis mit Zucker und Honig	50	192	41,5	0,2	●○○	●○○
Pumpernickel	40	75	15,0	0,2	○●○	○○●
Punschbowle	200	216	33,5	26,9	●○○	●○○
Pute gegart	150	321	0,0	0,0		●○○
Pute mit Haut gegart	150	380	0,0	0,0		●○○
Putenbrust	150	161	0,0	0,0		●○○
Putenbrust gebraten, mit Gemüses.	250	170	6,9	1,7	○●○	○●○
Putenragout	350	483	9,3	0,3	○●○	●○○
Putenschenkel gegart	150	284	0,0	0,0		●○○
Q						
Quark, 10 %	30	25	1,1	0,0		●○○
Quark, 20 %	30	30	1,1	0,0		●○○
Quark, 30 %	30	37	1,0	0,0		●○○
Quark, 40 %	30	43	1,0	0,0		●○○
Quark-Apfel-Torte	120	204	26,9	14,5	○●○	●○○
Quark Magerstufe	30	23	1,2	0,0		●○○
Quark mit Früchten, 10 %	100	106	17,4	12,1	●○○	●○○
Quark mit Früchten, 20 %	100	112	17,3	12,1	○●○	●○○
Quark mit Früchten, 40 %	100	129	17,2	12,1	○●○	●○○
Quark mit Früchten Magerstufe	100	103	17,5	12,1	●○○	●○○
Quarkklöße	150	354	43,2	20,3	○●○	●○○
Quarkklöße mit Kirschkompott	300	222	30,6	11,3	○●○	●○○
Quarkknödel	250	468	24,2	0,4	○●○	●○○
Quarkkrapfen	250	778	63,1	13,5	○●○	●○○
Quarkplinsen	200	436	33,9	4,7	○●○	●○○
Quarkpudding	250	543	48,1	30,0	○●○	●○○
Quarkspeise mit Erdbeeren	250	250	36,7	27,3	●○○	●○○
Quarkstrudel	150	336	41,8	8,7	○●○	●○○
Quarktasche	50	126	20,4	7,1	○●○	●○○

Produktbezeichnung	Portion in g	kcal pro Portion	KH in g pro Portion	Sacc. in g pro Portion	GLYX-Faktor	Satt-faktor
Quarktasche, Quarkölteig	80	234	26,8	5,7	○●○	●○○
Quiche lorraine	250	725	39,4	0,5	○●○	●○○
Quitte	125	49	9,2	0,4	○○●	○○●
Quitte gegart	125	51	9,6	0,5	○○●	○○●
Quittenkompott	250	95	20,7	12,1	○●○	○○●
Quittenkonfitüre	25	68	16,4	15,8	●○○	●○○
R						
Radicchio	50	7	0,8	0,1	○○●	○○●
Radieschen	100	15	2,1	0,1	○○●	○○●
Ragout fin	180	268	3,8	0,0	○●○	●○○
Ragout fin Konserve	150	200	2,8	0,0	○●○	●○○
Rahmeis	75	187	10,4	8,7	○●○	●○○
Rahmsauce/Salatsauce	60	76	4,3	0,1	○●○	●○○
Rahmspinat	150	119	1,9	0,3	○○●	○○●
Rahmwirsingkohl mit Sauce	250	180	7,3	1,4	○○●	○○●
Rapsöl	12	105	0,0	0,0		●○○
Raclette, 50 % F.i.Tr.	30	103	0,0	0,0		●○○
Ratatouille	350	119	9,7	0,9	○○●	○○●
Rauchfleisch	30	39	0,3	0,3		●○○
Ravioli mit Gemüse	250	434	35,3	0,2	○●○	○○●
Ravioli mit Gemüse-Käse-Füllung	200	343	32,1	1,8	○○●	●○○
Rebhuhn	150	333	0,0	0,0		●○○
Regenbogenforelle	150	170	0,0	0,0		●○○
Regenbogenforelle geräuchert	75	90	0,0	0,0		●○○
Reh i.D., gegart	150	240	0,0	0,0		●○○
Rehkeule mit Preiselbeersauce	350	620	21,9	16,7	○●○	●○○
Rehpfeffer	400	788	19,5	4,5	○●○	●○○
Reineclaude	125	79	16,9	5,0	○●○	○○●
Reineclaude gegart	125	83	17,6	5,2	○●○	○○●
Reineclaude Konserve, Abtropfgew.	125	114	25,7	19,4	○●○	○○●
Reineclauden-Konfitüre	25	70	17,0	16,1	●○○	●○○

Produktbezeichnung	Portion in g	kcal pro Portion	KH in g pro Portion	Sacc. in g pro Portion	GLYX-Faktor	Sattfaktor
Reis geschält	60	209	46,6	0,0	rot	rot
Reis geschält gegart	180	167	36,9	0,0	rot	rot
Reis Kaiserin Art	250	323	63,5	48,4	rot	rot
Reis parboiled	60	211	47,3	0,0	rot	rot
Reis parboiled gegart	180	194	43,1	0,0	rot	rot
Reis Trauttmansdorf	150	273	39,2	22,0	gelb	rot
Reis ungeschält	60	209	44,4	0,4	rot	rot
Reis ungeschält gegart	180	202	42,0	0,0	rot	rot
Reisauflauf mit Käse und Schinken	350	714	75,4	0,4	gelb	rot
Reisbrei	250	310	42,9	4,3	gelb	rot
Reiscrispies	50	189	42,4	3,7	rot	rot
Reisfleisch	550	682	87,7	0,4	gelb	rot
Reismehl	10	35	7,8	0,0	rot	rot
Reispudding	3	12	2,9	0,0	rot	rot
Reispudding englisch	350	480	67,3	34,0	gelb	rot
Reissalat mit Äpfeln und Curry	170	163	31,6	2,6	rot	rot
Reissalat mit Mayonnaise	170	179	21,4	1,8	gelb	gelb
Reissalat mit Thunfisch und Tomaten	200	208	24,5	2,0	gelb	rot
Reisstärke	20	70	17,0	0,0	rot	rot
Reissuppe mit Curry	350	203	25,1	0,2	gelb	rot
Reissuppe mit Fleisch und Gemüse	400	172	20,5	1,3	gelb	gelb
Reisvollkornbrot	50	108	22,0	0,1	rot	gelb
Remoulade 65 %	15	96	2,3	0,0		rot
Remouladensauce	60	383	1,8	1,0		rot
Rettich weiß, rot, schwarz	150	21	2,8	0,1	grün	grün
Rettich gegart	150	17	2,1	0,1	grün	grün
Rettichtrunk	200	10	1,2	0,1	grün	gelb
Rhabarber gegart	150	21	2,1	0,5	grün	grün
Rhabarbercreme	150	96	18,7	11,7	rot	gelb
Rhabarbergrütze	250	158	37,1	28,7	rot	gelb
Rhabarberkaltschale	350	273	64,3	54,8	rot	gelb
Rhabarberkompott	250	235	54,7	52,9	rot	gelb

Produktbezeichnung	Portion in g	kcal pro Portion	KH in g pro Portion	Sacc. in g pro Portion	GLYX-Faktor	Sattfaktor
Rhabarberkuchen mit Baiser	120	217	24,5	14,0	○●○	○●○
Rhabarbernektar	200	104	24,8	24,3	●○○	●○○
Rhabarbersaft	200	92	19,2	17,4	●○○	●○○
Rheinische Bratwurst	150	408	0,4	0,0		●○○
Ricotta, 30 % F.i.Tr.	30	36	0,2	0,0		●○○
Ricotta, 45 % F.i.Tr.	30	49	0,2	0,0		●○○
Ricotta, 60 % F.i.Tr.	30	52	0,1	0,0		●○○
Riesengarnelen gegrillt	300	426	5,2	0,4	○●○	●○○
Riesenscampi gegrillt	300	444	3,4	0,0	○●○	●○○
Rind Kochfleisch ma., gegart	125	284	0,0	0,0		●○○
Rind Kochfleisch mf., gegart	125	331	0,0	0,0		●○○
Rinderbierschinken	30	58	0,1	0,0		●○○
Rinderbraten gegart	125	196	0,0	0,0		●○○
Rinderbraten mit Sauce	350	515	4,5	0,2	○●○	●○○
Rinderbrust fe., gegart (Spannrippe)	125	343	0,0	0,0		●○○
Rinderfilet gegart	125	190	0,0	0,0		●○○
Rinderfilet mit Sauce	200	196	2,6	0,2		●○○
Rindergulasch Konserve	150	188	3,2	0,1	○●○	●○○
Rindergulasch mf., gegart	150	270	0,0	0,0		●○○
Rindergulasch mit Sauce	400	400	9,7	0,7	○●○	●○○
Rindergulasch ungarisch	400	464	10,7	1,4	○●○	●○○
Rinderherz gegart	125	128	0,9	0,0		●○○
Rinderkeule ma., gegart	150	227	0,0	0,0		●○○
Rinderkeule mf., gegart	150	261	0,0	0,0		●○○
Rinderkotelett ma., gegart	150	242	0,0	0,0		●○○
Rinderkotelett mf., gegart	150	275	0,0	0,0		●○○
Rinderkutteln sauer, mit Sauce	350	186	9,1	0,8	○●○	○●○
Rinderleber gegart	125	184	8,0	0,0	○●○	●○○
Rinderleberragout mit Äpfeln	300	360	18,8	1,2	○●○	●○○
Rinderlende gegart	125	190	0,0	0,0		●○○
Rindermark	125	1046	0,0	0,0		●○○
Rindernacken ma., gegart (Kamm)	150	224	0,0	0,0		●○○

Produktbezeichnung	Portion in g	kcal pro Portion	KH in g pro Portion	Sacc. in g pro Portion	GLYX-Faktor	Sattfaktor
Rindernacken mf., gegart (Kamm)	150	275	0,0	0,0		●○○ (rot)
Rinderroulade Konserve	150	186	2,6	0,2		●○○ (rot)
Rinderroulade ma., gegart	150	227	0,0	0,0		●○○ (rot)
Rinderroulade mf., gegart	150	261	0,0	0,0	○●○ (gelb)	●○○ (rot)
Rinderroulade mit Sauce	400	496	6,5	1,1		●○○ (rot)
Rinderrücken/Roastbeef	125	163	0,0	0,0		●○○ (rot)
Rinderrücken/Roastbeef gegart	125	201	0,0	0,0		●○○ (rot)
Rinderschmorbraten mit Sauce	350	378	7,0	0,8		●○○ (rot)
Rinderschulter ma., gegart (Bug)	125	196	0,0	0,0		●○○ (rot)
Rinderspieß mit Zwiebeln	350	571	5,6	1,1	○○● (grün)	●○○ (rot)
Rindersteak ma., gegart	150	242	0,0	0,0		●○○ (rot)
Rindersteak mf., gegart	150	263	0,0	0,0		●○○ (rot)
Rindersteak mit Kräuterbutter	250	713	1,7	0,2		●○○ (rot)
Rindertalg	15	129	0,0	0,0		●○○ (rot)
Rinderzunge gegart	125	235	5,4	0,0	○●○ (gelb)	●○○ (rot)
Rindfleisch gegart	150	270	0,0	0,0		●○○ (rot)
Rindfleisch Konserve	150	225	0,9	0,0		●○○ (rot)
Rindfleisch m. Möhren u. Schalotten	400	308	9,9	1,4	○○● (grün)	○●○ (gelb)
Rindfleischbrühe mit Ei	330	244	2,6	0,6		●○○ (rot)
Rindfleischsalat mit Öl	100	244	2,6	0,5		●○○ (rot)
Rindfleischsülze	30	42	0,1	0,0		●○○ (rot)
Rindfleischsuppe, Brühwürfel	5	7	0,6	0,0		●○○ (rot)
Rindfleischsuppe mit Nudeln	50	102	10,4	0,1	○●○ (gelb)	●○○ (rot)
Rippchen gekocht	250	415	2,6	2,6		●○○ (rot)
Risi Pisi (Erbsenreis)	250	228	43,8	1,7	●○○ (rot)	○●○ (gelb)
Risotto mit Butter und Parmesan	250	510	55,5	0,6	○●○ (gelb)	●○○ (rot)
Roastbeef englisch	250	518	0,2	0,0		●○○ (rot)
Roastbeef, mit Speck gebraten	300	603	1,0	0,2		●○○ (rot)
Rodonkuchen	70	251	31,8	11,3	○●○ (gelb)	●○○ (rot)
Roggenvollkorn	40	118	23,9	0,4	○●○ (gelb)	○○● (grün)
Roggenvollkorn gegart	180	169	33,6	0,5	○●○ (gelb)	○○● (grün)
Roggenbrötchen	60	134	27,8	0,4	●○○ (rot)	○○● (grün)

Produktbezeichnung	Portion in g	kcal pro Portion	KH in g pro Portion	Sacc. in g pro Portion	GLYX-Faktor	Sattfaktor
Roggenflocken	40	118	24,0	0,4	●○○ (rot)	○○● (grün)
Roggenkeime	10	34	2,1	0,0	○○● (grün)	○○● (grün)
Roggenmehl Typ 815	10	32	6,7	0,1	●○○ (rot)	○○● (grün)
Roggenmehl Typ 997	10	32	7,1	0,1	○●○ (gelb)	○●○ (gelb)
Roggenmehl Typ 1150	10	32	6,9	0,1	○●○ (gelb)	○○● (grün)
Roggenmischbrot	45	95	20,0	0,3	●○○ (rot)	○●○ (gelb)
Roggenmischbrot mit Leinsamen	45	98	19,1	0,2	○●○ (gelb)	○○● (grün)
Roggenschrot Typ 1800	40	117	23,6	0,4	○●○ (gelb)	○○● (grün)
Roggenvollkornbrot	50	94	18,8	0,3	○●○ (gelb)	○○● (grün)
Roggenvollkorn-Schrotbrot	50	93	19,1	0,3	○●○ (gelb)	○○● (grün)
Rohkost mit Weizenkeimlingen	250	225	22,6	6,9	○○● (grün)	○○● (grün)
Rohkostsalat mit Dressing	150	35	3,7	0,6	○○● (grün)	○○● (grün)
Rohkostsalat mit Joghurt	150	33	3,7	0,6	○○● (grün)	○○● (grün)
Rohkostsalat mit Öl	150	47	3,4	0,6	○○● (grün)	○○● (grün)
Rohkostsalat mit Sahne	150	75	3,6	0,7	○○● (grün)	○○● (grün)
Rohrnudeln	150	699	35,7	4,3	○●○ (gelb)	●○○ (rot)
Rollmops	80	107	1,6	0,1		●○○ (rot)
Romadur, 20 % F.i.Tr.	30	54	0,0	0,0		●○○ (rot)
Romadur, 30 % F.i.Tr.	30	67	0,0	0,0		●○○ (rot)
Romadur, 40 % F.i.Tr.	30	82	0,0	0,0		●○○ (rot)
Romadur, 45 % F.i.Tr.	30	88	0,0	0,0		●○○ (rot)
Romadur, 50 % F.i.Tr.	30	94	0,0	0,0		●○○ (rot)
Romadur, 60 % F.i.Tr.	30	113	0,0	0,0		●○○ (rot)
Romano-Salat	50	8	0,9	0,2	○○● (grün)	○○● (grün)
Roquefort	30	108	0,0	0,0		●○○ (rot)
Roquefort Dressing	60	249	1,7	0,8		●○○ (rot)
Rosenkohl	150	54	4,9	1,6	○○● (grün)	○○● (grün)
Rosenkohl gedünstet	250	163	8,8	2,4	○○● (grün)	○○● (grün)
Rosenkohl gegart	150	42	3,2	1,1	○○● (grün)	○○● (grün)
Rosenkohlgemüse mit Käsesauce	250	235	6,8	1,9	○○● (grün)	○○● (grün)
Rosenkuchen, Hefeteig	100	374	50,2	16,7	○●○ (gelb)	●○○ (rot)
Rosenpaprika	1	3	0,3	0,0		○○● (grün)

Produktbezeichnung	Portion in g	kcal pro Portion	KH in g pro Portion	Sacc. in g pro Portion	GLYX-Faktor	Sattfaktor
Rosine	25	75	16,6	0,3	gelb	gelb
Rosinenbrot	30	72	14,9	0,3	rot	gelb
Rosinenbrötchen	45	114	23,4	0,4	rot	gelb
Rosinenkuchen	70	214	34,9	11,0	gelb	rot
Rosmarin frisch	5	3	0,4	0,1	grün	grün
Rosmarin getrocknet	1	3	0,5	0,1	grün	grün
Rostbratwurst	150	494	0,4	0,0		rot
Röstbrotwürfel	20	55	11,0	0,0	rot	gelb
Rösti	250	313	31,8	0,6	gelb	gelb
Rotbarsch gegart	180	101	0,0	0,0		rot
Rotbarsch geräuchert	75	86	0,0	0,0		rot
Rotbarsch in Dillsauce	250	303	6,1	0,1	gelb	rot
Rotbarsch paniert	200	360	14,6	1,9	gelb	rot
Rotbarschfilet	150	161	0,0	0,0		rot
Rotbarschfilet gegart	150	188	0,0	0,0		rot
Rotbarschfilet in Sauce	250	293	5,2	0,1	gelb	rot
Rote Bete	150	63	12,6	11,6	gelb	grün
Rote Bete gedünstet	250	148	19,8	14,8	gelb	grün
Rote Bete gegart	150	48	9,2	8,4	gelb	grün
Rote Bete Konserve, Abtropfgew.	150	51	9,9	9,1	gelb	grün
Rote-Bete-Salat, gegart mit Öl	150	72	10,3	9,3	gelb	grün
Rote Bete sauer	50	15	2,8	2,5	grün	grün
Rote-Bete-Trunk	200	28	5,4	5,0	rot	rot
Rote Grütze aus Fruchtsaft	250	248	59,3	46,5	rot	rot
Rotkappe frisch	100	14	0,3	0,0	grün	grün
Rotkohl	150	35	5,3	0,5	grün	grün
Rotkohl gegart	150	27	3,8	0,4	grün	grün
Rotkohl gesäuert	50	6	0,9	0,1	grün	grün
Rotkohl Konserve, Abtropfgew.	150	29	4,1	0,4	grün	grün
Rotkohl mit Äpfeln	200	112	12,3	3,0	grün	grün
Rotweinpunsch	200	300	42,6	35,8	rot	rot
Rotwein, Qualitätswein	130	86	3,1	0,0	rot	rot

Produktbezeichnung	Portion in g	kcal pro Portion	KH in g pro Portion	Sacc. in g pro Portion	GLYX-Faktor	Sattfaktor
Rotwein schwer	130	101	3,3	0,0	●○○	●○○
Rotweinmarinade/Salatsauce	45	182	1,5	0,6		●○○
Rotweinsauce	60	34	3,3	0,2	○○●	○●○
Rotweinsauce süß	60	44	10,5	9,1	●○○	●○○
Rotwurst	30	52	0,1	0,0		●○○
Rückenspeck Schwein	30	209	0,0	0,0		●○○
Rührei	120	197	1,9	0,0		●○○
Rührei mit Käse und Schinken	170	325	1,2	0,2		●○○
Rührei mit Pfifferlingen	120	149	2,0	0,0	○○●	○●○
Rührei mit Räucherfisch	250	345	2,5	0,0		●○○
Rührei mit Speck	200	364	2,8	0,0		●○○
Rührei mit Steinpilzen	290	334	3,2	0,3	○○●	○○●
Rum	20	46	0,0	0,0		●○○
Rumkugeln	20	81	13,8	10,6	○●○	●○○
Rumpsteak mit Zwiebeln	300	429	2,1	0,4		●○○
Rumsauce	60	61	6,6	3,2	○●○	●○○
Rumtopf	250	408	53,2	44,5	●○○	●○○
Russisch Brot	5	19	4,2	1,9	●○○	●○○
Russische Creme mit Sahne	150	323	32,5	30,5	○●○	●○○
S						
Saccharin Cyclamattabletten	0,5	1	0,0	0,0		●○○
Saccharin Tabletten	0,5	1	0,0	0,0		●○○
Sachertorte	120	404	54,8	38,3	○●○	●○○
Saflorsaat	10	54	3,2	0,1	○○●	●○○
Safran	1	3	0,6	0,1		○●○
Sago	10	34	8,3	0,0	●○○	●○○
Sahne, 30 %	25	72	0,8	0,0		●○○
Sahnedressing	60	88	3,3	1,0	○●○	●○○
Sahnefruchteis	100	186	22,4	18,3	○●○	●○○
Sahnekaramellen	5	18	4,0	2,2	●○○	●○○
Sahnemokkaeis	100	222	18,2	13,2	○●○	●○○

Produktbezeichnung	Portion in g	kcal pro Portion	KH in g pro Portion	Sacc. in g pro Portion	GLYX-Faktor	Satt-faktor
Sahneschokoladeneis	100	258	22,0	18,2	○●○	●○○
Sahnesauce hell	60	52	2,6	0,2	○●○	●○○
Sahnesauce süß	60	183	10,0	8,3	○●○	●○○
Sahnestandmittel	1	4	0,9	0,0	●○○	●○○
Sahnevanilleeis mit Curacao	100	225	17,6	14,5	○●○	●○○
Sahnevanilleeis m. Schokoladensauce	130	346	25,6	20,4	○●○	●○○
Salami	30	108	0,6	0,0		●○○
Salami italienisch	30	99	0,1	0,0		●○○
Salami ungarisch	30	110	0,1	0,0		●○○
Salanaise Salatcreme, 25 %	15	41	1,8	0,0	○●○	●○○
Salatmayonnaise	48	189	4,5	1,5	○●○	●○○
Salatmayonnaise, 50 %	15	72	0,8	0,0	○●○	●○○
Salbei frisch	5	3	0,3	0,1	○○●	○○●
Salbei getrocknet	1	3	0,4	0,1	○○●	○○●
Salzburger Nockerl	200	422	35,4	21,8	○●○	●○○
Salzgebäck	25	87	18,8	0,1	●○○	●○○
Salzkartoffeln	250	170	35,5	0,7	○●○	○○●
Salzstangen	30	104	22,6	0,1	●○○	●○○
Sambal Oelek	20	28	4,5	2,1	○●○	○○●
Sanddornbeere	125	118	6,5	0,6	○○●	○○●
Sanddornbeere gegart	125	123	6,8	0,6	○○●	○○●
Sanddornbeeren-Konzentrat	5	20	1,1	0,1	○●○	●○○
Sanddornkonfitüre	25	73	16,2	15,8	●○○	●○○
Sanddornsaft	200	174	12,5	3,7	○○●	●○○
Sandkuchen	70	308	31,2	17,1	○●○	●○○
Sandwich mit Geflügel und Tomate	70	165	8,2	0,3	○●○	●○○
Sandwich mit Geflügelsalat	50	121	18,5	0,8	○●○	●○○
Sandwich mit Krabbensalat	50	114	18,0	0,7	○●○	●○○
Sandwich mit Thunfisch und Salat	70	186	14,1	0,4	○●○	●○○
Sandwich mit Tomate und Mozzarella	70	127	10,0	0,5	○●○	●○○
Sardellen gesalzen	75	71	0,0	0,0		●○○
Sardellen Konserve, Abtropfgew.	65	66	0,0	0,0		●○○

Produktbezeichnung	Portion in g	kcal pro Portion	KH in g pro Portion	Sacc. in g pro Portion	GLYX-Faktor	Sattfaktor
Sardellenpaste	15	29	1,2	0,0		●○○
Sardinen gegart	180	139	0,0	0,0		●○○
Sardinen geräuchert	75	95	0,0	0,0		●○○
Sardinen in Öl, Konserve, Abtropfgew.	60	100	0,0	0,0		●○○
Sardinenfilet gegart	150	207	0,0	0,0		●○○
Sauce béarnaise, Fertigprodukt	60	251	0,7	0,3		●○○
Sauce hollandaise, Fertigprodukt	50	56	2,9	0,0		●○○
Sauerampfer	150	33	3,0	0,3	○○●	○○●
Sauerampfer getrocknet	1	2	0,2	0,0	○○●	○○●
Sauerbraten mit Sauce und Gemüse	350	399	12,5	7,5	○●○	●○○
Sauerbraten rheinisch, mit Sauce	350	326	5,1	0,5	○●○	●○○
Sauerkirschkompott	250	203	43,2	20,0	○●○	○●○
Sauerkraut frisch	150	26	1,2	0,3	○○●	○○●
Sauerkraut frisch, gegart	150	26	0,9	0,2	○○●	○○●
Sauerkraut Konserve, Abtropfgew.	150	24	0,9	0,2	○○●	○○●
Sauerkrauteintopf mit Schwein	450	234	22,6	1,5	○●○	○○●
Sauerkrautpirogge mit gek. Eiern	200	340	34,9	0,8	○●○	○●○
Sauerkrautsuppe mit Paprikaschoten	350	119	5,4	0,5	○○●	○○●
Sauerkrauttrunk	200	12	0,5	0,1	○○●	○○●
Sauermilchkäse Magerstufe	30	39	0,0	0,0		●○○
Sauermolke	200	46	8,4	0,0	○●○	●○○
Saure Sahne, 10 %	25	29	0,8	0,0		●○○
Savarin	150	380	48,4	12,5	○●○	●○○
Scampi in Tomatensauce	200	182	4,4	0,3	○●○	●○○
Schaf Innereien, gegart	125	126	0,8	0,0		●○○
Schaffleisch ma., gegart	150	270	0,0	0,0		●○○
Schaffleisch mf., gegart	150	405	0,0	0,0		●○○
Schafsherz gegart	125	203	1,5	0,0		●○○
Schafsleber gegart	125	169	3,0	0,0	○●○	●○○
Schafsmilch	150	144	7,1	0,0	○●○	●○○
Schafszunge gegart	125	229	2,2	0,0		●○○
Schalerbse	150	123	18,5	7,4	○●○	○○●

Produktbezeichnung	Portion in g	kcal pro Portion	KH in g pro Portion	Sacc. in g pro Portion	GLYX-Faktor	Satt-faktor
Schalotte	30	7	1,0	0,2	○○●	○○●
Schaschlik Grillsauce	20	15	2,0	0,2	○●○	○○●
Schaschlik mit Pommes u.Ketchup	270	362	26,8	0,8	○●○	●○○
Schaumdessert-Pulver, Schokolade	3	11	2,8	0,0	●○○	●○○
Schaumdessert-Pulver, Vanille	3	11	2,8	0,0	●○○	●○○
Scheiblette	30	81	1,9	0,0		●○○
Schellfisch gegart	180	88	0,0	0,0		●○○
Schellfischfilet	150	117	0,0	0,0		●○○
Schellfischfilet gegart	150	137	0,0	0,0		●○○
Schichtkäse, 10 % F.i.Tr.	30	26	1,1	0,0		●○○
Schichtkäse, 20 % F.i.Tr.	30	30	1,1	0,0		●○○
Schichtkäse, 30 % F.i.Tr.	30	34	1,1	0,0		●○○
Schichtkäse, 40 % F.i.Tr.	30	44	1,0	0,0		●○○
Schillerlocke geräuchert	75	122	0,0	0,0		●○○
Schinken gekocht	30	34	0,3	0,3		●○○
Schinken, gekocht und geräuchert	30	36	0,3	0,3		●○○
Schinken-Käse-Toast	100	230	10,2	0,9	○●○	●○○
Schinken, roh und geräuchert	30	35	0,3	0,3		●○○
Schinkenfleckerln	350	907	79,6	1,5	○●○	●○○
Schinkenhörnchen	70	373	20,8	0,3	○●○	●○○
Schinkenmettwurst	30	107	0,1	0,0		●○○
Schinkenplockwurst	30	119	0,1	0,0		●○○
Schinkenröllchen in Aspik	30	33	0,4	0,3		●○○
Schinkenspeck	30	46	0,0	0,0		●○○
Schinkenspeck, ungeräuchert	30	46	0,0	0,0		●○○
Schinkenwurst roh, »Krakauer Art«	150	456	0,3	0,0		●○○
Schinkenwurst roh	150	440	0,4	0,1		●○○
Schlachtplatte mit Sauerkraut	500	615	3,5	0,7	○○●	○●○
Schlehe	125	86	14,7	1,2	○●○	○○●
Schleie gegart	180	61	0,0	0,0		●○○
Schleie paniert	200	332	18,9	0,8	○●○	●○○
Schleienfilet gebraten	150	134	0,0	0,0		●○○

Produktbezeichnung	Portion in g	kcal pro Portion	KH in g pro Portion	Sacc. in g pro Portion	GLYX-Faktor	Sattfaktor
»Schlesisches Himmelreich«	400	504	51,0	22,2	⚪⚪🟢	⚪⚪🟢
Schlüterbrot	45	85	16,9	0,3	⚪🟡⚪	⚪⚪🟢
Schmand, 20 %	25	51	0,9	0,0		🔴⚪⚪
Schmelzkäse, 10 % F.i.Tr.	30	38	1,6	0,0		🔴⚪⚪
Schmelzkäse, 20 % F.i.Tr.	30	57	2,3	0,0		🔴⚪⚪
Schmelzkäse, 30 % F.i.Tr.	30	63	1,7	0,0		🔴⚪⚪
Schmelzkäse, 40 % F.i.Tr.	30	75	1,5	0,0		🔴⚪⚪
Schmelzkäse, 45 % F.i.Tr.	30	86	1,9	0,0		🔴⚪⚪
Schmelzkäse mit Pilzen, 30 % F.i.Tr.	30	56	1,8	0,0		🔴⚪⚪
Schmierwurst/fette Mettwurst	30	115	0,1	0,0		🔴⚪⚪
Schmorgurken, mit Hack gefüllt	250	143	8,9	0,3	⚪⚪🟢	⚪🟡⚪
Schmorgurkengemüse	250	68	5,5	0,3	⚪⚪🟢	⚪⚪🟢
Schnecken »Burgunder Art«	180	412	3,6	0,3	⚪🟡⚪	🔴⚪⚪
Schnecken gegart	50	32	1,1	0,0		🔴⚪⚪
Schnittkäse, 30 % F.i.Tr.	30	77	0,0	0,0		🔴⚪⚪
Schnittkäse, 40 % F.i.Tr.	30	94	0,0	0,0		🔴⚪⚪
Schnittkäse, 45 % F.i.Tr.	30	103	0,0	0,0		🔴⚪⚪
Schnittkäse, 50 % F.i.Tr.	30	107	0,0	0,0		🔴⚪⚪
Schnittlauch frisch	5	1	0,1	0,0	⚪⚪🟢	⚪⚪🟢
Schnittlauch getrocknet	1	2	0,1	0,0	⚪⚪🟢	⚪⚪🟢
Schnittlauchquark	90	103	3,0	0,0		🔴⚪⚪
Schnittlauchquark mager	90	61	3,5	0,0	⚪🟡⚪	🔴⚪⚪
Schnittsalat	50	10	1,4	0,3	⚪⚪🟢	⚪⚪🟢
Schokolade	20	107	10,8	8,9	⚪🟡⚪	🔴⚪⚪
Schokolade Blätterkrokant	20	101	10,2	9,7	⚪🟡⚪	⚪🟡⚪
Schokolade Crunch	20	104	9,7	7,5	⚪⚪🟢	⚪🟡⚪
Schokolade Erdnuss	20	104	9,8	8,3	⚪⚪🟢	⚪🟡⚪
Schokolade Fruchtcreme	20	70	14,1	13,7	🔴⚪⚪	🔴⚪⚪
Schokolade Joghurt	20	70	13,9	13,6	🔴⚪⚪	🔴⚪⚪
Schokolade Kokosnuss	20	82	13,9	13,8	⚪🟡⚪	🔴⚪⚪
Schokolade Mandel	20	104	9,1	7,6	⚪⚪🟢	⚪🟡⚪
Schokolade Mandelnougat	20	104	9,8	8,3	⚪⚪🟢	⚪🟡⚪

Produktbezeichnung	Portion in g	kcal pro Portion	KH in g pro Portion	Sacc. in g pro Portion	GLYX-Faktor	Sattfaktor
Schokolade Marzipan	20	100	8,5	8,5	○○●	○●○
Schokolade mit Alkohol	20	69	13,8	13,6	●○○	●○○
Schokolade Mokka	20	104	10,4	8,8	○●○	●○○
Schokolade Mokkasahne	20	109	11,1	10,5	○●○	●○○
Schokolade Noisette	20	109	11,3	10,7	○●○	●○○
Schokolade Nougat	20	103	10,3	8,8	○●○	●○○
Schokolade Nuss	20	87	15,3	13,8	○●○	●○○
Schokolade Sahne	20	98	12,4	11,6	○●○	●○○
Schokolade Traubenuss	20	87	15,3	13,8	○●○	●○○
Schokolade Trüffel	20	104	10,7	10,6	○●○	○●○
Schokolade Vollmilch Nuss	20	104	9,8	8,3	○○●	○●○
Schokolade weiß	20	108	12,5	11,0	○●○	●○○
Schokoladen-Buttercremetorte	100	315	32,9	20,7	○●○	●○○
Schokoladencreme	200	352	34,6	20,0	○●○	●○○
Schokoladendragees	25	93	19,2	14,2	●○○	○●○
Schokoladeneis	100	191	21,7	17,2	○●○	●○○
Schokoladenflammeri	250	178	25,8	11,3	○●○	○●○
Schokoladenguss	15	68	8,5	7,6	○●○	○●○
Schokoladen-Honigkuchen	70	266	52,5	20,8	●○○	●○○
Schokoladenkuchen	70	251	28,7	11,9	○●○	●○○
Schokoladen-Nusstorte, Rührteig	100	412	40,8	28,6	○●○	●○○
Schokoladenpudding	250	393	36,4	16,8	○●○	●○○
Schokoladen-Sahnetorte	100	323	25,3	14,7	○●○	●○○
Schokoladensauce	60	47	7,6	2,1	○●○	●○○
Schokoladensauce, Trockenprodukt	10	16	1,9	1,0		●○○
Schokoladenstreusel	10	44	5,9	5,9	○●○	○○●
Schokoladentorte französisch	120	512	47,3	33,1	○●○	●○○
Schokomüsli	40	156	24,2	5,0	○●○	○●○
Schokoquarkspeise	250	300	42,3	27,1	●○○	●○○
Scholle gegart	180	99	0,0	0,0		●○○
Scholle geräuchert	75	71	0,0	0,0		●○○
Scholle paniert	200	352	9,9	0,5	○●○	●○○

Produktbezeichnung	Portion in g	kcal pro Portion	KH in g pro Portion	Sacc. in g pro Portion	GLYX-Faktor	Sattfaktor
Schollenfilet	150	135	0,0	0,0		●○○
Schollenfilet gegart	150	158	0,0	0,0		●○○
Schollenfilet gebraten	200	326	6,2	0,2	○●○	●○○
Schorle/Weinschorle	200	74	2,6	0,0		●○○
Schupfnudeln	200	254	43,2	0,5	○●○	○●○
Schwartenmagen	30	54	0,2	0,0		●○○
Schwarzweiß-Gebäck	50	234	31,6	15,6	○●○	●○○
Schwarzbrotpudding	250	580	72,1	37,0	○●○	○●○
Schwarzwaldbecher mit Quark	350	462	58,0	39,0	○●○	●○○
Schwarzwälder Kirschtorte	120	296	25,7	10,4	○●○	●○○
Schwarzwurzeln	150	26	2,4	0,6	○○●	○○●
Schwarzwurzeln gegart	150	23	1,8	0,5	○○●	○○●
Schwarzwurzeln gesäuert	50	5	0,4	0,1	○○●	○○●
Schwarzwurzeln Konserve	150	23	1,9	0,5	○○●	○○●
Schwarzwurzeln in Sauce hollandaise	250	123	9,9	0,9	○○●	○○●
Schwedenmilch, 3,5 %	150	99	7,1	0,0	○●○	●○○
Schweinebacke gegart	150	479	0,0	0,0		●○○
Schweinebauch fe., gegart	150	608	0,0	0,0		●○○
Schweienbauch gefüllt	100	317	1,0	0,4		●○○
Schweinebauch mf., gegart	150	509	0,0	0,0		●○○
Schweinebraten gepökelt	125	171	1,1	1,1		●○○
Schweinebraten, geräuchert	125	174	1,1	1,1		●○○
Schweinebraten Konserve	150	206	2,4	0,1		●○○
Schweinebraten mf., gegart	125	271	0,0	0,0		●○○
Schweinefilet gegart	125	183	0,0	0,0		●○○
Schweinefleisch fe., gegart	150	384	0,0	0,0		●○○
Schweinefleisch im eigenen Saft	150	233	0,3	0,0		●○○
Schweinefleisch in Aspik	30	46	0,3	0,2		●○○
Schweinefleisch ma., gegart	150	263	0,0	0,0		●○○
Schweinefleisch mf., gegart	150	326	0,0	0,0		●○○
Schweinefleisch mf., gepökelt	150	225	1,3	1,3		●○○
Schweinefleisch mf., geräuchert	150	230	1,3	1,3		●○○

Produktbezeichnung	Portion in g	kcal pro Portion	KH in g pro Portion	Sacc. in g pro Portion	GLYX-Faktor	Sattfaktor
Schweineflomen	30	239	0,0	0,0		●○○
Schweinegulasch m. Zwieb. u. Tom.	350	364	17,3	1,5	○●○	●○○
Schweinegulasch mf., gegart	150	326	0,0	0,0		●○○
Schweineherz gegart	125	135	0,6	0,0		●○○
Schweinekeule i.D., gegart	125	234	0,0	0,0		●○○
Schweinekeule mit Kruste	250	363	3,0	0,3		●○○
Schweinekopf gegart	150	479	0,0	0,0		●○○
Schweinekotelett natur	200	434	0,0	0,1	○●○	●○○
Schweinekotelett paniert	200	524	27,1	1,2	○●○	●○○
Schweinekotelett ma., gegart	150	260	0,0	0,0		●○○
Schweinekotelett mf., gegart	150	315	0,0	0,0		●○○
Schweineleber gegart	125	154	3,2	0,0	○●○	●○○
Schweinelende ma., gegart	150	219	0,0	0,0		●○○
Schweinelende mf., gegart	150	314	0,0	0,0		●○○
Schweinemagen gegart	125	190	0,0	0,0		●○○
Schweinenacken mf., gegart (Kamm)	150	360	0,0	0,0		●○○
Schweineniere gegart	125	144	1,2	0,0		●○○
Schweinenieren süßsauer mit Sauce	250	175	2,4	0,2		●○○
Schweineragout mit Kräutern	350	312	15,0	0,9	○○●	○●○
Schweineroulade gegart	150	263	0,0	0,0		●○○
Schweineroulade m. Sauerkrautfüllg.	300	381	5,8	0,3	○●○	●○○
Schweinerücken mf., gegart	150	315	0,0	0,0		●○○
Schweineschmalz	15	132	0,0	0,0		●○○
Schweineschnitzel natur	160	278	0,0	0,0		●○○
Schweineschnitzel paniert	180	428	25,7	1,1	○●○	●○○
Schweineschulter fe., gegart (Bug)	150	342	0,0	0,0		●○○
Schweineschwarte gekocht	30	49	0,0	0,0		●○○
Schweinespieß mit Zwiebeln	150	222	2,5	0,7		●○○
Schweinesteak	150	218	0,2	0,0		●○○
Schweinesteak mf., gegart	150	315	0,0	0,0		●○○
Schweinezunge gegart	125	246	0,7	0,0		●○○
Schweinsohren	70	351	37,3	13,2	○●○	●○○

Produktbezeichnung	Portion in g	kcal pro Portion	KH in g pro Portion	Sacc. in g pro Portion	GLYX-Faktor	Sattfaktor
Schwertfisch	150	174	0,0	0,0		●○○
Seehecht gegart	180	106	0,0	0,0		●○○
Seehechtfilet	150	138	0,0	0,0		●○○
Seehechtfilet gegart	150	162	0,0	0,0		●○○
Seelachs gegart	180	108	0,0	0,0		●○○
Seelachs in Öl, Konserve	60	88	0,0	0,0		●○○
Seelachsfilet	150	123	0,0	0,0		●○○
Seelachsfilet gegart	150	144	0,0	0,0		●○○
Seeteufel	150	111	0,0	0,0		●○○
Seezunge gebraten	200	294	2,5	0,4		●○○
Seezunge gegart	180	121	0,0	0,0		●○○
Seezunge gegrillt	200	224	1,0	0,2		●○○
Seezunge geräuchert	75	66	0,0	0,0		●○○
Seezunge paniert	200	316	10,5	0,3	○●○	●○○
Seezungenfilet	150	125	0,0	0,0		●○○
Seezungenfilet gegart	150	146	0,0	0,0		●○○
Seezungenfilet mit Sauce	200	226	0,7	0,2		●○○
Sekt	100	79	3,5	0,0	●○○	●○○
Sellerie-Apfel-Salat m. Zitr.marin.	150	113	12,8	3,3	○○●	○○●
Sellerieblätter frisch	5	1	0,2	0,0	○○●	○○●
Sellerieblätter getrocknet	1	3	0,4	0,1	○○●	○○●
Sellerie-Cremesuppe	350	67	3,0	1,6	○○●	○○●
Sellerieknolle	150	29	3,4	2,5	○●○	○○●
Sellerieknolle gegart	150	23	2,3	0,4	○○●	○○●
Sellerieknolle gesäuert	50	6	0,5	1,7	○○●	○○●
Sellerieknolle Konserve, Abtropfgew.	150	24	2,6	1,9	○○●	○○●
Sellerieknollensaft	200	32	3,8	2,8	○●○	○○●
Selleriesalat, gegart, mit Dressing	150	51	3,1	2,2	○○●	○○●
Selleriesalat sauer	50	8	0,8	0,5	○○●	○○●
Selleriesalz	0,5	0	0,0	0,0		●○○
Selleriescheiben ausgebacken	250	208	15,5	3,4	○○●	○○●
Selleriesuppe	350	126	10,0	1,7	○○●	○○●

Produktbezeichnung	Portion in g	kcal pro Portion	KH in g pro Portion	Sacc. in g pro Portion	GLYX-Faktor	Sattfaktor
Semmelauflauf	300	726	82,6	25,5	🟡	🔴
Semmelbrösel	15	54	11,0	0,7	🔴	🟡
Semmelknödel	200	338	41,8	0,7	🟡	🔴
Senf extra scharf	5	4	0,2	0,1		🟡
Senf mild	5	4	0,3	0,1		🟡
Senf mittelscharf	5	4	0,3	0,1		🟡
Senf scharf	5	4	0,2	0,1		🟡
Senf süß	5	4	0,3	0,1		🟡
Senfbutter	20	115	0,4	0,1		🔴
Senfgurke sauer	50	7	0,8	0,2	🟢	🟢
Senfkörner gelb	1	5	0,3	0,1		🟡
Senfpulver	1	3	0,5	0,2		🟢
Senfsauce	60	45	3,3	0,2	🟡	🔴
Serbische Bohnensuppe	400	260	27,4	1,9	🟡	🟢
Serbische Bohnensuppe, Konserve	250	153	14,8	1,0	🟢	🟢
Serbisches Reisfleisch	350	301	34,2	0,2	🟡	🔴
Serviettenkloß	200	388	35,8	0,6	🟡	🔴
Sesam	10	56	1,0	0,0	🟢	🟡
Sesam geröstet	10	59	0,9	0,0	🟢	🟡
Sesam Krokant	20	87	16,4	16,0	🔴	🔴
Sesamöl	12	106	0,0	0,0		🔴
Sheabutter	20	175	0,0	0,0		🔴
Sherry	50	59	0,7	0,0		🔴
Sherry sweet/cream	50	70	3,5	0,0	🔴	🔴
Shiitakepilz frisch	100	42	12,3	0,4	🟢	🟢
Shiitakepilz getrocknet	25	59	17,3	0,5	🟢	🟢
Shiitakepilz Konserve, Abtropfgew.	100	38	11,2	0,3	🟢	🟢
Shrimps	100	91	0,7	0,0		🔴
Shrimps gegart	100	93	0,8	0,0		🔴
Shrimps Konserve, Abtropfgew.	65	59	0,5	0,0		🔴
Simonsbrot	45	85	16,9	0,3	🟡	🟢
Sirup	25	81	19,8	0,0	🔴	🔴

Produktbezeichnung	Portion in g	kcal pro Portion	KH in g pro Portion	Sacc. in g pro Portion	GLYX-Faktor	Sattfaktor
Sirupprinten	20	78	14,8	2,4	●○○	●○○
Softeis	75	97	18,6	16,3	●○○	●○○
Sojaaufschnitt	30	80	0,9	0,1	○○●	●○○
Sojabohnen Konserve, Abtropfgew.	150	197	12,6	0,8	○○●	○○●
Sojabohnen geröstet	25	90	0,1	0,1	○○●	○○●
Sojabohnen getrocknet	50	208	14,6	0,9	○○●	○●○
Sojabolognese Konserve	100	87	3,0	0,9	○○●	○○●
Sojabohnen Pulver	1	4	0,3	0,0	○○●	○●○
Sojabrot	45	162	0,2	0,2		○○●
Sojadrink ungesüßt	150	228	0,3	0,3	○○●	○○●
Sojaeiweiß	10	29	0,0	0,0		○○●
Sojafleisch roh, Trockenprodukt	30	92	8,9	0,4	○●○	○○●
Sojafleisch in Sauce, Konserve	200	384	2,5	0,1	○○●	●○○
Sojagulasch in Sauce, Konserve	200	204	11,5	0,8	○○●	○●○
Sojaklöße Konserve	200	580	52,1	2,2	○●○	○○●
Sojalezithin	10	88	0,0	0,0		●○○
Sojamehl entfettet	10	20	0,1	0,1	○○●	○○●
Sojamehl halbfett	10	27	0,1	0,0	○○●	○○●
Sojamehl vollfett	10	34	0,0	0,0	○○●	○○●
Sojamilch flüssig	150	228	0,3	0,3	○○●	○○●
Sojamilch milchsauer	150	228	0,3	0,3	○○●	○○●
Sojanudeln roh	60	195	31,5	0,4	○●○	○○●
Sojaöl	12	105	0,0	0,0		●○○
Sojapaste	20	12	0,2	0,1	○○●	○○●
Sojaragout mit Sauce, Konserve	200	168	5,3	0,3	○○●	○○●
Sojaschnitzel roh, Trockenprodukt	30	92	8,9	0,4	○●○	○○●
Sojaschrot	40	98	0,1	0,1	○○●	○○●
Sojasauce	20	14	1,7	0,0	○○●	●○○
Sojasprossen	100	52	4,7	2,4	○○●	○○●
Sojasprossen gegart	150	69	5,3	2,7	○○●	○○●
Sojasprossen Konserve, Abtropfgew.	150	62	4,7	2,4	○○●	○○●
Sojasteak roh, Trockenprodukt	30	92	8,9	0,4	○●○	○○●

Produktbezeichnung	Portion in g	kcal pro Portion	KH in g pro Portion	Sacc. in g pro Portion	GLYX-Faktor	Satt-faktor
Sojawurst Konserve	100	292	5,3	0,5	grün	rot
Sonnenblumenkerne	20	115	2,5	0,0	grün	gelb
Sonnenblumenkerne geröstet	20	120	2,2	0,0	grün	rot
Sonnenblumenöl	12	106	0,0	0,0		rot
Sauce dunkel	60	70	3,7	0,1	gelb	rot
Sauce hell	60	44	3,2	0,1	gelb	rot
Spaghetti alla carbonara	250	515	45,7	0,2	gelb	rot
Spaghetti Bolognese	250	338	33,2	0,3	gelb	rot
Spaghetti mit Aubergine und Ricotta	250	385	41,9	0,3	gelb	rot
Spaghetti mit Ei	120	422	81,9	0,3	rot	gelb
Spaghetti mit Gorgonzola	250	400	48,2	0,2	gelb	rot
Spaghetti mit Tomatensauce	250	300	52,2	1,3	gelb	gelb
Spaghetti napoli	250	310	42,6	0,4	gelb	gelb
Spargel	150	27	3,1	0,5	grün	grün
Spargel gegart	150	24	2,4	0,4	grün	grün
Spargel Konserve, Abtropfgew.	150	23	2,4	0,4	grün	grün
Spargel mit Sauce hollandaise	250	343	3,7	0,7	grün	rot
Spargel-Cremesuppe	300	252	15,4	0,1	gelb	rot
Spargelsalat mit Essigmarinade	150	93	2,3	0,4	grün	gelb
Spätzle	50	176	34,1	0,1	rot	gelb
Speck durchwachsen	30	44	0,3	0,3		rot
Speck durchwachsen u. geräuchert	30	96	0,0	0,0		rot
Speckkartoffeln	250	218	33,3	0,7	gelb	grün
Speckpfannkuchen	250	563	63,0	0,2	gelb	rot
Speckscholle	250	273	8,3	0,8	gelb	rot
Specksauce	60	43	3,3	0,2	grün	gelb
Speiseeis	75	64	9,9	7,4	gelb	rot
Speisesalz	0,5	0	0,0	0,0		rot
Spekulatius	50	245	28,4	12,0	gelb	rot
Spiegelei mit Schinkenspeck	160	259	0,8	0,0		rot
Spinat	150	26	0,8	0,3	grün	grün
Spinat gegart	150	29	0,7	0,3	grün	grün

Produktbezeichnung	Portion in g	kcal pro Portion	KH in g pro Portion	Sacc. in g pro Portion	GLYX-Faktor	Sattfaktor
Spinat Konserve, Abtropfgew.	150	24	0,6	0,3	grün	grün
Spinat mit Sahne	100	38	2,0	0,2	grün	grün
Spinatauflauf mit Fisch	300	267	7,3	0,9	gelb	gelb
Spinatauflauf mit Käse	300	240	8,8	0,8	grün	grün
Spinatauflauf mit Schinken	300	315	24,1	1,1	grün	gelb
Spinatnocken	200	256	25,5	0,9	gelb	gelb
Spinat-Püreesuppe	350	182	15,6	0,8	grün	gelb
Spinattrunk	200	12	0,4	0,1	grün	gelb
Spitzbuben	50	284	23,6	7,7	gelb	rot
Spitzkohl	150	35	4,1	1,0	grün	grün
Springerle	50	168	34,7	20,2	rot	rot
Spritzgebäck	50	266	26,8	11,8	gelb	rot
Sprotte geräuchert	75	169	0,0	0,0		rot
Sprotte Konserve, Abtropfgew.	65	138	0,0	0,0		rot
Stachelbeeren	125	55	10,6	1,1	gelb	grün
Stachelbeeren gegart	125	58	11,1	1,1	gelb	grün
Stachelbeeren Konserve, Abtropfgew.	125	99	22,0	17,0	gelb	grün
Stachelbeergrütze mit Sahne	250	300	58,1	39,9	gelb	rot
Stachelbeerkaltschale	350	228	53,8	36,4	rot	gelb
Stachelbeerkompott	250	238	54,9	43,4	rot	gelb
Stachelbeerkonfitüre	25	68	16,5	15,8	rot	rot
Stangenbohne grün	150	38	4,8	0,3	grün	grün
Starkbier	330	198	15,2	0,0	rot	rot
Stärke	10	35	8,6	0,0	rot	rot
Steckrüben in Sauce	250	95	13,9	1,1	gelb	grün
Steckrüben mit Speck, in Sauce	250	103	12,6	1,4	grün	grün
Steckrübeneintopf m. Schweinebauch	450	261	26,7	1,5	gelb	grün
Steinbutt gebraten	200	240	2,6	0,4		rot
Steinbutt gegart	180	74	0,0	0,0		rot
Steinbutt paniert	200	340	18,6	0,8	gelb	rot
Steinbuttfilet gebraten	150	146	0,0	0,0		rot
Steinofenbrot	45	95	20,0	0,3	rot	gelb

Produktbezeichnung	Portion in g	kcal pro Portion	KH in g pro Portion	Sacc. in g pro Portion	GLYX-Faktor	Sattfaktor
Steinpilze frisch	100	20	0,5	0,0	🟢	🟢
Steinpilze gedünstet	200	142	4,2	0,5	🟢	🟢
Steinpilze getrocknet	25	37	1,0	0,0	🟢	🟢
Steinpilze Konserve, Abtropfgew.	100	19	0,5	0,0	🟢	🟢
Steinpilze in Sahnesauce	200	218	2,9	0,1	🟢	🟢
Steinpilzsuppe, Trockenprodukt	25	94	12,7	0,4	🟡	🔴
Steppenkäse, 30 % F.i.Tr.	30	76	0,0	0,0		🔴
Steppenkäse, 45 % F.i.Tr.	30	98	0,0	0,0		🔴
Stilton, 60 % F.i.Tr.	30	138	0,0	0,0		🔴
Stint gegart	180	83	0,0	0,0		🔴
Stint geräuchert	75	71	0,0	0,0		🔴
Stockfisch TK	150	500	0,0	0,0		🔴
Stout extra	330	132	6,9	0,0	🔴	🔴
Stout Porter	330	172	13,9	0,0	🔴	🔴
Streichmettwurst	30	111	0,1	0,0		🔴
Streichrahm, 22 % Fett	20	44	0,7	0,0		🔴
Streuselkuchen, Hefeteig	100	376	54,4	16,1	🟡	🔴
Streuselteig, Fertigteigmischung	60	311	29,6	0,1	🟡	🔴
Studentenfutter	25	121	7,6	0,9	🟢	🟡
Stutenmilch	200	96	12,4	0,0	🟡	🔴
Sultaninen	25	75	16,6	0,3	🟡	🟡
Sülzkotelett	30	36	0,3	0,2		🔴
Suppe hell gebunden	350	179	23,5	0,0	🟡	🔴
Suppe klar mit Ei	350	207	3,9	0,7	🟢	🔴
Suppenfond Konserve	250	60	2,4	0,4		🟡
Suppengrün	100	24	3,6	1,2	🟡	🟢
Suppengrün gegart	50	11	1,5	0,5	🟢	🟢
Suppengrün getrocknet	5	11	1,7	0,5	🟢	🟢
Suppengrün, getrocknet und gegart	50	33	4,7	1,5	🟡	🟢
Suppenhuhn gegart	150	335	0,0	0,0		🔴
Suppenklöße aus Leber	50	98	12,2	0,1	🟡	🔴
Suppenklöße aus Mark	50	210	11,5	0,7	🟡	🔴

Produktbezeichnung	Portion in g	kcal pro Portion	KH in g pro Portion	Sacc. in g pro Portion	GLYX-Faktor	Sattfaktor
Suppenwürze	1	2	0,2	0,0		●○○
Süßkirschkompott	250	215	48,2	19,5	○●○	○●○
Süßmolke	200	50	9,4	0,0	●○○	●○○
Süßwein	50	76	11,3	0,0	●○○	●○○
Szegediner Gulasch	350	284	8,7	1,8	○○●	○●○
T						
Tabasco	0,1	0	0,0	0,0		○○●
Tafelspitz mit Meerrettichsauce	400	628	16,1	1,2	○●○	●○○
Tafelwassser mit Kohlensäure	200	0	0,0	0,0		●○○
Tagliatelle grün, mit Muscheln	250	283	37,1	0,2	○●○	●○○
Tagliatelle mit Pilzsauce	250	340	42,7	0,2	○●○	○●○
Tagliatelle mit Schinken	250	443	48,8	0,2	○●○	●○○
Tahini aus rohem Sesam	20	117	4,2	0,1	○○●	●○○
Tapioka	50	175	42,5	0,0	●○○	●○○
Tatar gegart	100	145	0,0	0,0		●○○
Tatar roh	100	113	0,0	0,0		●○○
Taube gegart	150	330	0,0	0,0		●○○
Tee grün	125	0	0,0	0,0		●○○
Tee schwarz	125	0	0,0	0,0		●○○
Tee schwarz mit Alkohol	125	19	0,2	0,0		●○○
Tee schwarz mit Milch	125	3	0,2	0,0		●○○
Tee schwarz mit Sahne	125	13	0,1	0,0		●○○
Tee schwarz mit Zucker	125	10	2,4	2,4	○●○	●○○
Tee schwarz mit Zucker und Milch	125	13	2,6	2,4	○●○	●○○
Tee schwarz mit Zucker und Sahne	125	21	2,5	2,4	○●○	●○○
Tee schwarz mit Zucker und Zitrone	125	14	3,2	3,0	●○○	●○○
Teegebäck	50	241	29,2	9,3	○●○	●○○
Teewurst	30	110	0,1	0,0		●○○
Teewurst »Rügenwalder Art«	30	89	0,1	0,0		●○○
Teltower Rübchen	150	63	12,6	11,6	○●○	○○●
Tempeh	20	30	0,4	0,4		○○●

Produktbezeichnung	Portion in g	kcal pro Portion	KH in g pro Portion	Sacc. in g pro Portion	GLYX-Faktor	Sattfaktor
Teufelssauce	45	69	3,8	0,4	grün	gelb
Thousand Island Dressing	25	117	1,7	0,8		rot
Thunfisch	150	333	0,0	0,0		rot
Thunfisch gegart	150	380	0,0	0,0		rot
Thunfisch geräuchert	75	175	0,0	0,0		rot
Thunfisch in Öl, Konserve	60	133	0,0	0,0		rot
Thunfisch paniert	150	410	13,5	0,6	gelb	rot
Thunfisch vom Grill	200	522	2,8	0,5		rot
Thunfischsalat mit Mayonnaise	100	144	2,4	0,6		rot
Thunfischsteak gebraten	140	354	0,0	0,0		rot
Thüringer Rotwurst, fettarm	30	52	0,1	0,0		rot
Thüringer Rotwurst, Konserve	30	72	0,1	0,0		rot
Thymian frisch	5	2	0,4	0,1	grün	grün
Thymian getrocknet	1	3	0,5	0,1	grün	grün
Tilsiter 20 % F.i.Tr	30	63	0,0	0,0		rot
Tilsiter 30 % F.i.Tr	30	81	0,0	0,0		rot
Tilsiter 40 % F.i.Tr	30	90	0,0	0,0		rot
Tilsiter 45 % F.i.Tr	30	106	0,0	0,0		rot
Tintenfisch ganz, frittiert	180	130	3,3	0,0	gelb	rot
Tintenfisch gegart	150	143	3,7	0,0	gelb	rot
Tintenfisch im eigenen Saft	300	387	9,6	0,5	gelb	rot
Tintenfisch in Öl, Konserve	60	88	1,1	0,0		rot
Tintenfisch paniert	280	314	23,1	0,1	gelb	rot
Toast Hawaii	110	283	21,3	2,1	gelb	rot
Toast mit Spargel, Schinken u. Käse	130	207	11,8	1,2	gelb	rot
Toastbrot Vollkorn	30	72	12,9	0,5	gelb	grün
Toastbrot weiß	30	76	14,3	0,4	rot	gelb
Toastschnitten mit Schinkencreme	90	157	14,6	0,5	gelb	rot
Toffees	5	22	3,6	3,6	gelb	rot
Tofu fest	100	144	0,6	0,6		rot
Tofu Seidentofu	100	52	0,4	0,4		rot
Tokayer (Süßwein)	50	76	11,3	0,0	rot	rot

Produktbezeichnung	Portion in g	kcal pro Portion	KH in g pro Portion	Sacc. in g pro Portion	GLYX-Faktor	Sattfaktor
Tomate	60	10	1,5	0,1	○○●	○○●
Tomate gegart	150	30	4,4	0,2	○○●	○○●
Tomaten Konserve, Abtropfgew.	150	23	3,0	0,1	○○●	○○●
Tomatenchutney	20	21	4,7	3,8	●○○	●○○
Tomaten, m. Schafskäse u. Oliven gef.	250	300	5,1	0,3	○○●	●○○
Tomaten, mit Hack gefüllt	250	315	13,1	0,5	○○●	●○○
Tomaten-Gurken-Salat mit Joghurts.	120	44	3,3	0,6	○○●	○●○
Tomaten-Thunfisch-Salat	100	144	2,9	0,7		●○○
Tomatencremesuppe	300	198	8,5	2,4	○○●	○●○
Tomatengemüse mit Kräutern	250	95	7,3	0,5	○○●	○○●
Tomatenketchup	20	22	4,8	0,2	●○○	●○○
Tomatenmark	15	11	1,9	0,1	○○●	○○●
Tomatenpaprika	50	15	2,4	0,3	○○●	○○●
Tomatenpüree	15	11	1,9	0,1	○○●	○○●
Tomatenreis	250	308	34,1	0,3	○●○	●○○
Tomatensaft	200	30	4,2	0,2	○○●	●○○
Tomatensalat mit Dressing	130	73	4,6	1,3	○○●	○●○
Tomatensauce italienisch	60	45	3,8	0,8	○○●	○●○
Tomatensuppe gebunden	350	196	22,4	1,9	○●○	●○○
Tomatensuppe klar	300	75	1,8	0,0		●○○
Tomatensuppe mit Reis	350	291	20,8	0,3	○●○	●○○
Topfenpalatschinken	250	488	54,9	34,0	○●○	●○○
Topfenstrudel	250	540	74,8	16,2	○●○	●○○
Topinambur	200	62	8,0	2,0	○○●	○○●
Tortenboden, Mürbeteig	120	611	69,3	25,0	○●○	●○○
Tortencremepulver Schokolade	2	8	1,8	0,0	●○○	●○○
Tortengusspulver	2	7	1,7	0,0	●○○	●○○
Trappistenkäse, 45 % F.i.Tr.	30	101	0,0	0,0		●○○
Traubenkernöl	12	105	0,0	0,0		●○○
Traubennektar rot, weiß	200	150	35,5	21,7	●○○	●○○
Traubensaft i.D.	200	140	31,1	3,5	●○○	●○○
Traubentorte, Sandteig	120	186	26,0	8,1	○●○	●○○

Produktbezeichnung	Portion in g	kcal pro Portion	KH in g pro Portion	Sacc. in g pro Portion	GLYX-Faktor	Sattfaktor
Traubenzucker	5	20	5,0	0,0	●○○	●○○
Trockenhefe	1	3	0,3	0,0		○○●
Trüffeln frisch	100	48	7,4	0,2	○○●	○○●
Trüffeln getrocknet	5	7	1,1	0,0	○○●	○○●
Trüffeln Konserve, Abtropfgew.	100	46	6,8	0,2	○○●	○○●
Trüffelleberwurst	30	96	0,5	0,0		●○○
Trüffeltorte	100	371	48,5	34,7	○●○	●○○
Tutti frutti mit Flammeri	250	270	40,7	15,7	○●○	●○○
Tzatziki	150	72	4,5	0,1	○●○	●○○
V						
Vanillecreme	200	274	41,6	20,9	○●○	●○○
Vanilleeis	100	178	20,5	16,1	○●○	●○○
Vanilleeis mit heißen Himbeeren	200	228	27,4	19,0	○●○	○●○
Vanilleflammeri	250	310	43,6	19,3	○●○	●○○
Vanillekipferl	50	246	22,9	12,0	○●○	●○○
Vanillemürbchen	50	265	24,2	7,6	○●○	●○○
Vanillepudding	250	315	52,2	25,2	○●○	●○○
Vanillequarkspeise	250	310	49,0	31,6	●○○	●○○
Vanilleschote	1	3	0,6	0,1		○○●
Vanillesauce	60	58	6,9	3,8	○●○	●○○
Vanillesuppe	320	346	52,8	22,5	○●○	●○○
Vanillezucker	5	20	5,0	5,0	●○○	●○○
Vanillin natürlich/naturidentisch	1	0	0,0	0,0		●○○
Vanillinzucker	5	20	5,0	5,0	●○○	●○○
Vegetarische Bratlinge, Trockenprod.	30	89	15,1	0,7	○●○	○○●
Vegetarische Pastete	20	42	3,2	0,1	○○●	○●○
Vegetarische Pastete mit Pilzen	25	48	3,8	0,0	○○●	○●○
Vegetarische Ravioli	150	288	32,0	0,5	○●○	○○●
Vegetarisches Gulasch	200	156	7,1	1,3	○○●	○○●
Vegetarisches Schmalz	20	146	0,8	0,1		●○○
Venusmuscheln	100	77	5,9	0,0	○●○	●○○

Produktbezeichnung	Portion in g	kcal pro Portion	KH in g pro Portion	Sacc. in g pro Portion	GLYX-Faktor	Satt-faktor
Venusmuscheln Konserve	65	49	3,8	0,0	⚪🟡⚪	🔴⚪⚪
Vogelbeeren	125	124	25,4	0,5	⚪⚪🟢	⚪⚪🟢
Vogelbeere gegart	125	129	26,2	0,5	⚪⚪🟢	⚪⚪🟢
Vogelbeerkonfitüre	25	73	17,6	15,8	🔴⚪⚪	🔴⚪⚪
Vollkornbrot	50	94	18,8	0,3	⚪🟡⚪	⚪⚪🟢
Vollkornbrot mit Leinsamen	50	98	18,0	0,3	⚪🟡⚪	⚪⚪🟢
Vollkornbrot mit Ölsamen	50	102	18,3	0,3	⚪🟡⚪	⚪⚪🟢
Vollkornbrot mit Sesam	50	102	18,2	0,3	⚪🟡⚪	⚪⚪🟢
Vollkornbrötchen	60	133	26,0	0,3	⚪🟡⚪	⚪⚪🟢
Vollkornbrötchen mit Rosinen	60	137	27,1	0,3	🔴⚪⚪	⚪⚪🟢
Vollkornbrötchen mit Ölsamen	60	142	25,1	0,3	⚪🟡⚪	⚪⚪🟢
Vollkornbrötchen mit Zwiebeln	60	129	25,2	0,3	⚪🟡⚪	⚪⚪🟢
Vollkornkeks	50	236	25,9	0,3	⚪🟡⚪	⚪🟡⚪
Vollkornkeks mit Nüssen	50	244	19,7	0,7	⚪⚪🟢	⚪🟡⚪
Vollkornnudeln, gegart, mit Ei	125	174	32,6	0,3	⚪🟡⚪	⚪⚪🟢
Vollkornnudeln roh	60	194	36,4	0,4	⚪🟡⚪	⚪⚪🟢
Vollkornnudeln, roh, mit Ei	50	167	30,2	0,3	⚪🟡⚪	⚪⚪🟢
Vollkornpizzza m. Oliven u. Zwiebeln	250	393	35,2	0,7	⚪⚪🟢	⚪🟡⚪
Vorzugsmilch	200	134	9,6	0,0	⚪🟡⚪	🔴⚪⚪
W						
Wacholder frisch	5	2	0,3	0,0		⚪⚪🟢
Wacholderschnaps	20	42	0,0	0,0		🔴⚪⚪
Wachsbohne	150	48	8,3	0,5	⚪🟡⚪	⚪⚪🟢
Wachsbohne gegart	150	48	8,2	0,5	⚪🟡⚪	⚪⚪🟢
Wachsbohne gesäuert	50	8	1,3	0,1		⚪⚪🟢
Wachsbohnen Konserve, Abtropfgew.	150	39	6,5	0,4	⚪🟡⚪	⚪⚪🟢
Wachtel	150	263	0,0	0,0		🔴⚪⚪
Waffelkekse	50	277	20,8	7,1	⚪🟡⚪	🔴⚪⚪
Waffeln gebacken	150	632	47,5	15,6	⚪🟡⚪	🔴⚪⚪
Waldorfsalat mit Mayonnaise	100	101	7,2	2,3	⚪⚪🟢	⚪⚪🟢
Waldpilz	100	15	0,1	0,0		⚪⚪🟢

Produktbezeichnung	Portion in g	kcal pro Portion	KH in g pro Portion	Sacc. in g pro Portion	GLYX-Faktor	Sattfaktor
Walnüsse	20	131	2,1	1,4		🔴⚪⚪
Walnussöl	12	105	0,0	0,0		🔴⚪⚪
Wasserkastanie	60	38	8,4	1,7	⚪🟡⚪	⚪⚪🟢
Wassermelone	125	48	10,4	2,9	🔴⚪⚪	🔴⚪⚪
Weichkaramellen (Bonbons)	5	22	3,6	3,6	⚪🟡⚪	🔴⚪⚪
Weichkäse, 30 % F.i.Tr.	30	63	0,0	0,0		🔴⚪⚪
Weichkäse, 40 % F.i.Tr.	30	80	0,0	0,0		🔴⚪⚪
Weichkäse, 45 % F.i.Tr.	30	83	0,0	0,0		🔴⚪⚪
Weichkäse, 50 % F.i.Tr.	30	94	0,0	0,0		🔴⚪⚪
Weichkäse, 60 % F.i.Tr.	30	109	0,0	0,0		🔴⚪⚪
Weichkäse, 70 % F.i.Tr.	30	122	0,0	0,0		🔴⚪⚪
Weihnachtsgewürzmischung	1	3	0,5	0,1		⚪⚪🟢
Weinbrand	20	47	0,4	0,1		🔴⚪⚪
Weinbrandbohne	12	46	8,2	8,2	🔴⚪⚪	🔴⚪⚪
Weinbrandkirsche	12	40	7,3	7,0	🔴⚪⚪	🔴⚪⚪
Weincreme	200	292	32,7	22,4	⚪🟡⚪	🔴⚪⚪
Weingelee	250	340	76,0	75,2	🔴⚪⚪	🔴⚪⚪
Weingelee mit Ananas	250	273	50,7	48,8	🔴⚪⚪	🔴⚪⚪
Weingelee mit Früchten	250	265	53,4	47,0	🔴⚪⚪	🔴⚪⚪
Weinkäse 45 % F.i.Tr	30	87	0,0	0,0		🔴⚪⚪
Weinkäse 50 % F.i.Tr	30	93	0,0	0,0		🔴⚪⚪
Weinkäse 60 % F.i.Tr	30	113	0,0	0,0		🔴⚪⚪
Weinkraut geschmort	250	125	15,0	2,9	⚪⚪🟢	⚪⚪🟢
Weinsauce dunkel	60	113	9,6	8,1	⚪🟡⚪	🔴⚪⚪
Weinsauce hell	60	41	3,0	0,1	⚪🟡⚪	🔴⚪⚪
Weinsauerkraut	150	26	1,2	0,3	⚪⚪🟢	⚪⚪🟢
Weinschaumsauce	60	77	6,6	5,4	⚪🟡⚪	🔴⚪⚪
Weinsuppe	300	99	22,4	11,5	🔴⚪⚪	⚪🟡⚪
Weintraube	125	89	19,5	0,5	⚪🟡⚪	⚪🟡⚪
Weißbrot	30	71	14,4	0,3	🔴⚪⚪	⚪🟡⚪
Weißbrot mit Ölsamen	30	75	13,9	0,3	🔴⚪⚪	⚪🟡⚪
Weißbrotwürfel geröstet	30	113	10,5	0,2	⚪🟡⚪	🔴⚪⚪

Produktbezeichnung	Portion in g	kcal pro Portion	KH in g pro Portion	Sacc. in g pro Portion	GLYX-Faktor	Satt-faktor
Weiße Bohnen in Tomatensauce	250	145	19,3	0,5	gelb	grün
Weiße Rübe	150	39	7,0	0,7	gelb	grün
Weiße Rübe gegart	150	32	5,2	0,5	gelb	grün
Weißherbst (Wein)	130	114	3,2	0,0	rot	rot
Weißkohl	150	38	6,2	0,5	gelb	grün
Weißkohl gegart	150	30	4,5	0,4	grün	grün
Weißkohl-Möhren-Salat mit Dressing	120	54	5,0	0,8	grün	grün
Weißkohlgemüse	200	162	8,1	0,7	grün	grün
Weißkohlsalat mit Joghurtsauce	150	33	4,6	0,4	grün	grün
Weißwein halbtrocken	130	96	3,4	0,0	rot	rot
Weißwein lieblich	130	127	7,7	0,0	rot	rot
Weißwein trocken	130	94	0,1	0,0		rot
Weißwurst hannoversche	150	266	0,7	0,1		rot
Weißwurst, Münchner	125	338	0,4	0,0		rot
Weizenvollkorn	40	125	24,4	0,2	gelb	grün
Weizenvollkorn gegart	180	182	34,4	0,3	gelb	grün
Weizenbier	330	142	10,0	0,0	rot	rot
Weizenbier hell	330	125	10,0	0,0	rot	rot
Weizenflocken	40	125	24,4	0,2	rot	grün
Weizenflocken Vollkorn	40	125	24,4	0,2	gelb	grün
Weizengluten, Trockenprodukt	30	118	2,1	0,0		rot
Weizengrieß	40	130	27,6	0,3	rot	gelb
Weizengrieß gegart	180	52	11,0	0,1	rot	grün
Weizengrütze roh	40	130	27,6	0,3	rot	gelb
Weizenkeim	10	31	3,1	0,9	grün	grün
Weizenkeimöl	12	105	0,0	0,0		rot
Weizenkleie	5	9	0,9	0,1	grün	grün
Weizenmehl Typ 405	10	34	7,1	0,0	rot	gelb
Weizenmehl Typ 550	10	34	7,1	0,0	rot	gelb
Weizenmehl Typ 1050	10	33	6,7	0,1	rot	gelb
Weizenmehl Typ 1700	10	32	6,3	0,1	gelb	grün
Weizenmischbrot	45	99	20,2	0,2	rot	gelb

Produktbezeichnung	Portion in g	kcal pro Portion	KH in g pro Portion	Sacc. in g pro Portion	GLYX-Faktor	Sattfaktor
Weizenstärke	10	35	8,6	0,0	●○○	●○○
Weizentoastbrot	30	76	14,3	0,4	●○○	○●○
Weizenvollkornbrot	50	106	20,7	0,2	○●○	○○●
Welfencreme	250	400	54,8	39,6	○●○	●○○
Wels gegart	180	193	0,0	0,0		●○○
Welsfilet	150	243	0,0	0,0		●○○
Welsfilet gegart	150	242	0,0	0,0		●○○
Wermutwein lieblich	50	78	7,0	1,7	●○○	●○○
Wermutwein trocken	50	63	5,0	1,5	●○○	●○○
Whisky	20	50	0,0	0,0		●○○
Wiener Apfelstrudel	150	260	37,8	12,1	○●○	○●○
Wiener Hörnchen	50	207	22,5	8,4	○●○	●○○
Wiener Sandtorte	70	297	32,5	18,9	○●○	●○○
Wiener Schnitzel	150	317	25,9	1,0	○●○	●○○
Wiener Würstchen	70	213	0,1	0,0		●○○
Wildente gegart	150	219	0,0	0,0		●○○
Wildente mit Haut gegart	150	338	0,0	0,0		●○○
Wildentenschenkel gegart	150	360	0,0	0,0		●○○
Wildgulasch Hirsch, Konserve	150	144	2,1	0,1		●○○
Wildkaninchen i.D., gegart	150	218	0,0	0,0		●○○
Wildpastete Brotaufstrich	30	97	0,5	0,1		●○○
Wildpilzmischung Konserve	100	59	7,4	0,2	○○●	●○○
Wildragout mit Pfifferlingen	300	273	6,8	0,1	○●○	○●○
Wildragout mit Sauce	250	233	8,9	0,3	○●○	●○○
Wildschwein gebraten	125	181	0,0	0,0		●○○
Wildschweinkeule	125	136	0,0	0,0		●○○
Wildschwein-Schmorbraten	300	450	6,3	3,7	○●○	●○○
Wildsauce	60	44	3,8	0,3	○○●	○●○
Wilstermarschkäse, 45 % F.i.Tr.	30	96	0,0	0,0		●○○
Windbeutel	100	463	37,0	2,7	○●○	●○○
Windbeutel mit Sahne und Kirschen	100	315	26,7	8,2	○●○	●○○
Wirsingeintopf mit Räucherspeck	450	275	26,8	1,4	○○●	○○●

Produktbezeichnung	Portion in g	kcal pro Portion	KH in g pro Portion	Sacc. in g pro Portion	GLYX-Faktor	Sattfaktor
Wirsingeintopf mit Rindfleisch	450	225	18,7	1,4	grün	grün
Wirsingkohl	150	39	3,6	0,9	grün	grün
Wirsingkohl gegart	150	33	2,6	0,6	grün	grün
Wirsingkohlgemüse gedünstet	250	103	6,7	1,4	grün	grün
Wirsingkohlgemüse in heller Sauce	250	98	7,5	1,0	grün	grün
Wodka	20	46	0,0	0,0		rot
Worcestersauce	5	8	1,3	0,3		grün
Würstchen fettarm	70	176	0,1	0,0		rot
Würstchen Konserve	70	193	0,1	0,0		rot
Wurstsalat bayerisch	100	305	0,6	0,1		rot
Wurstsalat mit Öl	100	281	1,0	0,2		rot
Wurstsülze	30	68	0,0	0,0		rot
Wurzelpetersilie	150	56	8,1	4,0	gelb	grün
Wurzelpetersilie gegart	150	47	6,1	3,0	gelb	grün
Wurzelpetersilie getrocknet	25	57	8,1	4,0	gelb	grün
Y						
Yamswurzel	200	202	44,8	0,3	gelb	grün
Z						
Zander gegart	180	83	0,0	0,0		rot
Zander »Müllerin Art«	200	424	6,6	1,1	gelb	rot
Zanderfilet	150	126	0,0	0,0		rot
Zanderfilet gegart	150	144	0,0	0,0		rot
Zanderfilet paniert	200	340	18,9	0,8	gelb	rot
Zartbitter-Schokolade	20	99	8,8	8,6	grün	grün
Zichorienkaffee	125	4	0,9	0,0		rot
Zichorienkaffee, Trockenpulver	3	10	2,1	0,1	grün	grün
Ziegenfleisch i.D., gegart	150	287	0,0	0,0		rot
Ziegenmilch	150	104	6,6	0,0	gelb	rot
Zigeuner-Grillsauce	20	12	1,7	0,1		grün
Zimt	1	3	0,6	0,1		grün

Produktbezeichnung	Portion in g	kcal pro Portion	KH in g pro Portion	Sacc. in g pro Portion	GLYX-Faktor	Sattfaktor
Zimtsterne	15	68	6,6	6,5	○●○	○●○
Zitronat	5	15	3,5	3,2	●○○	●○○
Zitrone kandiert	25	66	15,6	10,1	●○○	●○○
Zitrone	125	70	10,1	1,3	○○●	○○●
Zitronencreme	200	440	70,6	61,2	○●○	●○○
Zitroneneis	100	134	31,3	30,2	●○○	●○○
Zitronenessenz	1	0	0,0	0,0		●○○
Zitronenkuchen, Fertigteigmischung	60	311	29,6	0,1	○●○	●○○
Zitronenlimonade	200	58	14,0	0,6	●○○	●○○
Zitronenmarinade	45	148	2,8	2,0		●○○
Zitronenmelisse frisch	5	2	0,3	0,0	○○●	○○●
Zitronenemelisse getrocknet	1	3	0,3	0,1	○○●	○○●
Zitronensaft	200	200	39,7	29,7	●○○	●○○
Zitronenschale	5	4	0,8	0,2		●○○
Zitronensorbet	75	106	23,9	22,6	●○○	●○○
Zitronenspeise	200	264	45,0	23,6	○●○	●○○
Zucchini	150	29	3,1	0,5	○○●	○○●
Zucchini gegart	150	29	3,1	0,5	○○●	○○●
Zucchinischeiben, paniert	200	236	10,4	0,5	○●○	●○○
Zucker braun (Rohrzucker)	5	20	4,9	4,8	○●○	●○○
Zucker weiß	5	20	5,0	5,0	○●○	●○○
Zuckererbsen	150	89	15,0	6,0	○●○	○○●
Zuckererbsen, in Butter geschwenkt	250	245	25,3	12,6	○○●	○○●
Zuckerguss	15	51	12,5	12,5	○●○	●○○
Zuckerkuchen, Hefeteig	100	360	48,1	16,2	○●○	●○○
Zungenblutwurst	30	88	0,4	0,2		●○○
Zungenwurst hell	30	80	0,2	0,1		●○○
Zwetschge	35	15	3,1	0,9	○●○	○○●
Zwetschgen getrocknet	25	63	12,8	3,6	○●○	○○●
Zwetschgen gegart	125	58	11,5	3,3	○●○	○○●
Zwetschgen Konserve, Abtropfgew.	125	99	22,2	18,1	○●○	○○●
Zwetschgenknödel m. Zucker u. Zimt	200	374	53,7	20,3	○●○	●○○

Produktbezeichnung	Portion in g	kcal pro Portion	KH in g pro Portion	Sacc. in g pro Portion	GLYX-Faktor	Sattfaktor
Zwetschgenkonfitüre	25	68	16,6	16,0	●○○	●○○
Zwetschgenkuchen, Hefeteig	150	212	27,3	7,8	○●○	○●○
Zwetschgenkuchen, Mürbeteig	100	252	42,0	5,4	○●○	○●○
Zwetschgennektar	200	108	25,6	22,2	●○○	●○○
Zwetschgensaft	200	92	18,9	7,3	●○○	●○○
Zwetschgenwasser (Schnaps)	20	48	0,0	0,0		●○○
Zwieback	10	37	7,1	0,0	●○○	○●○
Zwiebel	30	8	1,5	0,3	○○●	○○●
Zwiebel gefüllt, mit Sauce	300	180	14,6	2,2	○○●	○○●
Zwiebel gegart	30	7	1,2	0,2	○○●	○○●
Zwiebel geröstet	50	48	5,1	0,5	○○●	○○●
Zwiebel gesäuert	30	5	0,7	0,1		○○●
Zwiebel getrocknet	25	73	12,7	2,5	○●○	○○●
Zwiebel überbacken	100	103	4,5	0,6	○○●	○●○
Zwiebelbrot	30	68	14,0	0,3	●○○	○●○
Zwiebelbrötchen	45	108	22,1	0,4	●○○	○●○
Zwiebelfleisch mit Sauce	400	472	6,8	0,6	○○●	●○○
Zwiebelgemüse mit Sahne	50	30	2,3	0,4	○○●	○○●
Zwiebelgemüse mit Speck	50	17	2,6	0,4	○○●	○○●
Zwiebelkuchen	250	493	28,4	1,2	○●○	●○○
Zwiebelleberwurst	30	99	0,2	0,0		●○○
Zwiebelpulver	1	3	0,5	0,1	○○●	○○●
Zwiebelsauce	60	38	3,0	0,2	○●○	●○○
Zwiebelsuppe klar	300	234	12,6	1,5	○○●	○●○
Zwiebelwurst	30	80	0,6	0,1		●○○
Zwiebelwürze flüssig	20	17	1,5	0,0		○○●

Mit Erdbeersahnetorte zum Wunschgewicht

Wie viel Kilo weniger hat Ihr Wunschgewicht? 5, 10, 15 oder sogar 50? Eine Reduzierung von Übergewicht und Vermeidung von Untergewicht ist bei Gicht und rheumatischen Erkrankungen dringend empfohlen.

mealus – ein kleiner Ernährungs-Organizer, selbst nicht einmal 100 Gramm schwer – begleitet Sie auf dem Weg zum gesunden Gewicht: Die »digitale Nährwerttabelle« speichert Ihre Lebensmittel und Mahlzeiten und sagt Ihnen auf Knopfdruck, wann Sie für den Tag genug an Kalorien und Nährstoffen haben oder was Ihnen vielleicht noch fehlt.

4.598 Lebensmittel sind im Speicher und können auf Kalorien, Eiweiß, Fett, Kohlenhydrate, Ballaststoffe, Vitamin C, Cholesterin, den Anteil an Obst und Gemüse sowie – für viele Diabetiker unverzichtbar – auf ihre BEs abgefragt werden.

Die Erdbeersahnetorte bringt es mit einem Stück beispielsweise auf 202 kcal, 3 g E, 11 g F, 24 g KH, 25 g O/G, 1 g Bal, 12 mg Vit C, 58 mg Chol und 2 BEs.

Mit mealus lernen Sie, wie man sich mit einem ausgewogenen Nährstoffverhältnis – mehr wertvolle Kohlenhydrate, ausreichend Fett und Eiweiß – schlank isst. Sie werden sich satt fühlen – keine Portionen, die diesen Namen nicht verdienen, keine Tagesbeschränkung auf hungrige 1.200 Kalorien oder magere 30 Gramm Fett. All das mag kurzfristig zu Erfolgen auf der Waage führen, langfristig aber nur zum Jo-Jo-Effekt – man wiegt schließlich wieder genauso viel oder sogar mehr als vorher. Stattdessen lernen Sie mit mealus, wie Sie täglich – mit allen persönlichen Vorlieben und Abneigungen – eine leckere und gesunde Mischung auf Tisch und Teller bekommen.

mealus kostet 64,90 Euro und kann in der Apotheke (PZN 3051989) oder direkt beim Hersteller bestellt werden: Pfefferminz, Mittelweg 89, 20149 Hamburg, Telefon 040/41623240, Internet: www.mealus.de.

mealus

Impressum

Der Autor

Sven-David Müller-Nothmann ist seit 1989 Diätassistent und seit 1995 Diabetesberater der Deutschen Diabetes Gesellschaft (DDG). Er hat den Verband für Ernährung und Diätetik (VFED) e.V. gegründet und 10 Jahre als erster Vorsitzender geleitet. Nach seiner zehnjährigen Tätigkeit am Universitätsklinikum der RWTH ist er jetzt bei der Gesellschaft Ernährungsmedizin und Diätetik e.V. in Aachen beschäftigt und leitet daneben sein Zentrum für Ernährungskommunikation und -beratung (www.svendavidmueller.de). Sven-David Müller-Nothmann ist »Fit for fun«-Ernährungsexperte, moderiert monatlich die TV-Sendung »Gesundzeit!« im Sachsen Fernsehen und Bayern TV und ist Ernährungsexperte der TV-Sendung »Service Trends« im Hessischen Rundfunk.

Wichtiger Hinweis

Die im Buch veröffentlichten Ratschläge wurden mit größter Sorgfalt von Verfassern und Verlag erarbeitet und geprüft. Eine Garantie kann jedoch nicht übernommen werden. Ebenso ist eine Haftung der Verfasser bzw. des Verlages und seiner Beauftragten für Personen-, Sach- oder Vermögensschäden ausgeschlossen.

Quellen

Datengrundlage: Bundeslebensmittelschlüssel (BLS); Herstellerangaben: Mealus.

Bibliografische Information Die Deutsche Bibliothek

Die Deutsche Bibliothek verzeichnet diese Publikation in der Deutschen Nationalbibliografie; detaillierte bibliografische Daten sind im Internet über http://dnb.ddb.de abrufbar.

Projektleitung: Kathrin Gritschneder
Redaktion: Stephanie Wenzel, Astrid Büscher
Korrektorat: Margit Bachfischer
Herstellung: Dagmar Guhl
Fotos: Mauritius-images/Clasen S. 10/age fotostock S. 2/3, S.13
Umschlagfoto: Mauritius-images/Dolphin Produktions
Umschlag: ZERO, München
Satz und Reproduktion: Setzerei Vornehm GmbH, München
Druck und Bindung: Offizin Anderson Nexö Leipzig GmbH, Zwenkau
Printed in Germany

ISBN 3-426-64179-8

Bitte besuchen Sie uns im Internet:
www.knaur-ratgeber.de

Weitere Titel aus den Bereichen Gesundheit, Fitness und Wellness finden Sie im Internet unter www.wohl-fit.de.

5 4 3 2 1